LE SENTIMENTAL DU CARCÉRAL

Vincent Munaro

LE SENTIMENTAL DU CARCÉRAL

Vincent Munaro

Poésie slamée

La Méridiana

Livre autoédité par :
Vincent Munaro
Avenue Guillaume Dulac
13600 LA CIOTAT

© 2021, Vincent Munaro
Les illustrations sont la propriété de l'auteur.

Couverture et mise en page réalisées par Votre Plume 83,
Pascal Delugeau, Écrivain-Conseil® à Draguignan.

Édition : BoD – Books on Demand,
12/14 rond-point des Champs-Élysées, 75008 Paris.
Impression : BoD - Books on Demand, Norderstedt, Allemagne.

ISBN : 9782322198610
Dépôt légal : mai 2021

Le Code de la propriété intellectuelle interdit les copies ou reproductions destinées à une utilisation collective. Toute représentation ou reproduction intégrale ou partielle faite par quelque procédé que ce soit, sans le consentement de l'auteur ou de ses ayant cause, est illicite et constitue une contrefaçon, aux termes des articles L.335-2 et suivants du Code de la propriété intellectuelle.

À mes Paulos.

Préface

Parce qu'à un certain moment, il faut s'exprimer, dans le sens premier du mot, faire sortir le trop-plein, ce qui empêche de respirer, de vivre tout simplement.

Pendant plus de quinze années, Vincent Munaro fut un chef d'entreprise dans le monde des espaces verts, les mains dans la terre des jardins à conjuguer avec passion l'harmonie des végétaux.

Longtemps, il n'a pu exprimer tout ce qui lui pesait, tout ce qui s'est installé dans sa vie de manière insidieuse. Longtemps il n'a pu dialoguer avec son épouse, ni avec ses quatre enfants qu'il adore plus que tout. Comme de trop nombreuses personnes de son entourage, Elle n'a pas su interpréter ses silences, sa descente aux enfers. Il l'aimait aveuglément. Pourquoi a-t-elle voulu se séparer de lui ? Il n'a pas compris, il s'est rongé de l'intérieur.

Éperdument, l'alcool est devenu son seul ami, son confident. De mauvais conseil, on s'en doute, juste de quoi buter sur un accident de la vie et se retrouver aux Baumettes pour un séjour de deux mois.

On le sait, sans un accompagnement adapté, l'incarcération ne résout pas grand-chose. Peu de temps après, une nouvelle condamnation, pour les mêmes raisons que la première, tombe. Comme une rechute. Le 14 février 2018, tout bascule : il retrouve les Baumettes. Un jour de Saint-Valentin alors que ce qui l'amène ici est l'amour sans retour qu'il porte à sa femme. En le voyant arriver, quelqu'un lui dit voilà le sentimental du carcéral qui revient. Ces mots résonnent encore dans sa tête.

Au cours de ce second séjour et après un transfert salutaire à la maison d'arrêt de Draguignan, Vincent suit des cours de philosophie et s'inscrit au programme de lecture Lire pour s'en sortir, ou LPES, dont la marraine n'est autre que l'écrivaine Leïla Slimani. Il se met à dévorer les livres que nous nous échangeons aux heures trop rares des parloirs.

Ces activités destinées à favoriser la réinsertion des personnes détenues lui ouvrent les yeux. Vincent découvre le pouvoir qu'il détient sur lui-même grâce à un simple stylo-bille : l'écriture. Écrire devient une thérapie, celle-là même qui va le sortir de son marasme et lui permettre de raccrocher avec la vie et bien plus encore. Il est l'un des rares détenus que je connais à saisir la main qui lui est ainsi tendue. Il quitte cet univers carcéral en octobre 2018 avec le bénéfice d'une remise de peine pour bonne conduite.

Slamer devient un besoin. Dans ses textes, Vincent met des mots sur ses maux. Il retrace chaque jour ses émotions, son quotidien, ses angoisses, ses peurs, ses défaites et aussi ses efforts, ses espoirs, sa reconstruction.

La prison n'a pas été une fin, mais une aide à la reconstruction : apprendre à vivre sans Elle.

Aroma

LA VIE N'EST PAS FAITE POUR S'AMUSER

Encore et encore. Au bout il en émergera quelque chose de ces mots répétés
Parce que à force il en viendra un sens, un vrai, c'est obligé
Je ne sais même pas ce que je cherche si ce n'est à m'apaiser en écrivant toujours
Je ne peux pas le nommer encore, c'est encore obscur, mais je le répète pourtant chaque jour
Je le fais pour être mieux, par acquis de conscience et abnégation
Car je n'admettrai jamais sa décision sans prendre en compte ma dépression
J'ai consulté, parlé, craché, expulsé, écouté, les mots ne sont pas restés figés
J'ai fermé les yeux et j'les ai posés sur mon présent, mon futur, mon passé
On est jamais à l'abri, je l'ai appris à mes dépens, j'aurais dû être méfiant tout le temps
Je survivais, mon silence intérieur était épuisant et je n'ai pas craint ce que j'appelle de la trahison à présent
Aucune possibilité d'en faire part, vertiges, peurs, éclairs, en avant, en arrière sans limites de pensées
Je n'arrivais à rien face à un gouffre qui me barrait la route, devant un infini néant qui me précipitait
Des pensées rebelles, un manque de tout, de rien se manifestaient en buvant plus ouvertement

Je ne savais pas ce que j'avais et je ne cherchais pas à savoir vraiment
Comment aurais-je pu le savoir en étant incapable, en refusant de la nommer ?
Comment nommer ce qu'on ignore, putain de dépression, comment arriver à en parler ?
J'aurais dû parler d'un amas confus de vie, de sentiments, de ma réalité
De morceaux, d'effritements, d'événements qui étaient entrés en moi pour s'en emparer
C'est des interrogations perpétuelles et des mots difficiles à prononcer, je ne sais ni pourquoi ni comment
Tout est resté informulé pour continuer de vivre auprès des miens en faisant semblant et en buvant
Mais un mur est un mur
Comme une balle en rebonds, un mur et le rebond
Un rebond perpétuel, sans rien, seul et con
Jusqu'à l'ultime mur
Pourquoi avouer ce que je craignais alors que je faisais tout pour m'en empêcher en buvant pour le cacher
Peut-être pour continuer juste de rêver
Ces mots, ces nuits passées à écrire pour m'évader d'ici comme un paquet déposé à la consigne
Armé de ce stylo et de ces pages volantes comme pour laisser des signes
Personne ne sait comment j'ai pris sur moi pour essayer de vaincre mes peurs
Personne ne sait ce que je ressentais au fond de mon cœur
Alors j'écris pour m'aider, me justifier, expliquer et j'en sais fichtre rien
Des pages et des pages classées dans une chemise verte comme un trop plein

Ça sort, ça brûle, ça flambe, j'suis seul et je souffre sur ces papiers
Ne pas sombrer, tenir et ne plus être à genoux, tomber et se relever
Dépression et un amour soi-disant pour toujours !
Qui aime encore ? Qui est seul ? Qui court ?
Qui court sur le terreau et le compost d'une vie
Pour essayer en taule d'y replanter de soi-disant fleurs d'avenir avec envie
Ouais la vie elle est pas faite pour s'amuser
Y a un temps peut-être pour s'aimer et un autre pour se déchirer
Mais je ne peux rien oublier, je peux pas oublier
Surtout pour de préconçues idées
Surtout que je connais bien le poisson
Surtout que je sais où elle trouve l'hameçon
Une parole donnée ne se reprend pas
Mais pendant que j'étais mort, elle a eu son choix
Je m'en étais remis à une femme, du moins je le croyais
Je l'aimais, je crois, elle le sait, mais il n'y avait pas de réciprocité
Il aurait fallu comprendre ce qui se passait, s'immerger au fond de ma tête
Fallait juste ouvrir ses mains et son cœur pour expliquer ces alcools qui n'étaient pas à la fête
Au lieu de combler les déchirures, elle m'a écartelé les plaies ouvertes
Et toutes ces pressions et d'autres se sont accentuées dans ma tête
J'étais né pour ne rien dire, c'était ma vie
J'étais né pour souffrir, c'est ainsi
Je ne sais pas pourquoi je n'ai pas donné de signes d'alerte durant ce passage

Je ne sais pas combien de pages j'aurais écrites en cage durant ce triste virage
Mais tourne page après page, lis sans survoler
Et tu verras, sans rester à l'affût d'un mot que je t'aimais
J'ai encore la gueule éclatée, les doigts crispés sur ce stylo
Mais ce ne sont que des mots, et de nous, je n'ai même pas une photo
Si un jour elle tombe sur ces écrits, répondra-t-elle à mes questions ?
S'en est-elle posée un jour seulement les raisons, a-t-elle voulu savoir pourquoi je supportais pas l'abandon ?
Quand on est perdu, on arrive à rien
Mais même un chien, on le cherche au fond d'un ravin

22 septembre 2018

En train de vie

Le jour où le train de ma vie a mis en arrêt mon espoir,
J'ai constaté que j'étais entré dans ce tunnel noir
Tout commença le jour où je ne savais pourquoi je me trouvais seul jeté sur ce quai
Le panneau d'affichage était muet rien ne s'affichait
Cette gare immense était sombre, grise, sentiments d'angoisse et de peur
Le temps me paraissait suspendu, seul j'avançais vers l'unique loco guidé par le bruit du moteur
Je n'avais pas de billet ma destination était encore inconnue
À croire que je quittais un monde que je ne voulais plus
Porté, poussé par je ne sais qu'elle envie, dans le wagon unique je pénétrais
Toutes les places étaient inoccupées j'étais le seul et unique passager
J'ai toujours kiffé les trains miniatures quand j'étais minot,
Mais j'avoue que c'est bizarre un train sans cheminots

C'est le tchou-tchou qui m'amène
C'est le tchou-tchou qui me traîne

Les essieux se mettent à grincer c'est l'heure du départ
Je suis assis dans ce compartiment du train du hasard
Je vois la gare s'éloigner sans connaître ma destinée
La vitesse augmente et je vois le paysage défiler

C'est le moment que je choisis plus ou moins volontairement
pour m'éparpiller
Les yeux fermés dans ce train qui file je revois ma vie passée
Comme ce train j'en sens encore ce doux parfum, cette odeur
Comme ce train j'étais branché sur la bonne caténaire
Comme ce train et son charbon j'en ressentais la chaleur
Comme ce train la structure de notre amour me semblait en
fer

C'est le tchou-tchou qui roule vite
C'est le tchou-tchou que j'habite

Secoué par les lourdes secousses, je commence à flipper
Ce train est-il bien sécurisé, vais-je dérailler
Sur ce siège en velours défraîchi, j'essaye d'ancrer mes doigts
comme des crochets
Afin d'essayer de m'agripper à quelque chose pour être en
sécurité
J'aurais dû peut-être tirer la sonnette d'alarme,
Mais qui aurait entendu, il n'y avait aucune âme
Est-ce que je dois sauter par la fenêtre ou continuer
C'est à ce moment que j'arrive à un aiguillage enfin
Le train se met à ralentir progressivement pour se stopper
Comme si j'étais à la croisée des chemins
Comme si cette vieille berline me demandait de choisir mon
trajet

C'est le tchou-tchou du noir
C'est le tchou-tchou de l'espoir

Deux routes deux voix deux destins deux avenirs
À moi de le mettre sur les bons rails, il faut choisir
Si c'est à droite est-ce que je dois continuer ?

Si c'est à gauche est-ce que je dois m'arrêter ?
Le train redémarre, accélère, à vrai dire je ne sais pas de quelle gauche il a pris la droite
J'en mène pas large, j'ai les mains moites
Il fonce pour pénétrer dans un tunnel noir interminable
Un tunnel froid humide qui sent le diable
J'y vois danser des ombres autour des ombres, crier,
Mes angoisses et mes peurs m'envahissent je suis torturé
Quand soudain j'aperçois une lueur au loin
Une sortie, une échappatoire une lumière m'envahit et me met bien
Autour le paysage s'embellit et devient bleu vert
Petit à petit je me dis que je suis sorti du calvaire
Mes doigts se décrispent pour se détacher de ce à quoi je m'accrochais
Pour me lever me dresser, car je suis arrivé
Le train ralentit et signale par une sirène l'arrêt
Je saute sur le quai, c'est la gare que j'avais imaginée
À moi maintenant d'ouvrir la porte de ma destinée et faire ce dont je peux rêver

C'est le tchou-tchou de la vie
C'est le tchou-tchou de l'envie

Esquisse

Allez, je vais essayer de me lâcher ce soir je vais changer de thème

Je vais essayer d'embrasser mes mots pour qu'il dise « je t'aime »
Peut-être qu'en les faisant chanter autrement j'aurai un moyen d'être heureux
Et puis dehors il fait tellement beau et chaud, le ciel est si bleu

Je ne suis pas ici par choix, mais je vis, je respire, je pense, j'écris,
Me remplir la panse de vie c'est pas facile, mais j'en ai envie
C'est marrant que de n'avoir d'autres issues que de rester enfermés
Et de ne penser, de parler, de rêver que d'avenir

Dans nos bouches il n'y a que ces mots : Dehors et en sortir
C'est vrai on s'imagine, on se projette, la vraie vie pourra commencer
Moi j'évite trop d'y penser la journée encore j'suis trop dégoûté,
Mais le soir venu, avant le marchand de sable, mes rêves s'emballent

C'est alors que je me mets à voler, à penser, à imaginer ce que demain ma réalité
Et vu le peu de temps passé au pays des songes, mes rêves partent en cavale.

Je n'aurai aucun pincement au cœur en quittant ce monde horrible
Je ne sais pas encore ce que l'avenir me réserve, mais vu ce que j'ai vécu ce sera sûrement plus facile
Ce qui me guide, ce qui doit me faire avancer c'est maintenant l'envie de vivre
Je ne suis pas celui que j'ai été, la vie je veux en être ivre !
Alors que je ferme les yeux mon cerveau se met à dessiner
Et croyez-moi sa trousse est remplie de crayons aux mines bien affûtées
Souvent je commence par du crayon gris que du noir et blanc
Il se met à reproduire les images du passé c'est pas bien marrant
Et d'un coup de gomme magique il s'efforce de les effacer
Il se met alors à s'évader, à gamberger, à imaginer
Pour me déposer dans un monde de tranquillité enfin apaisé

Marre de vivre pour survivre tellement j'étais torturé !
Marre d'aimer quelqu'un qui m'a fait menotter !
Marre de ne penser qu'aux autres pour être encore délaissé !
Marre de crier, d'appeler au secours pour être rejeté !

À moi de le trouver ce monde qui respire, qui me fait décoller

Je me suis trop privé de respirer pour une autre, que maintenant je me dois d'exister

Ce n'est pas de l'égoïsme pas comme elle, juste un état d'esprit, j'ai juste tout à y gagner
En sachant ce que j'ai perdu, ce temps gâché, l'incompréhension et le rejet
Je me dis que la vie c'est gratuit en fait et que j'ai assez payé
J'aurai peut-être envie de la retrouver, de la serrer, de me l'accaparer,
Mais au-delà de l'attirance je pourrai même pas l'embrasser

Non ! j'ai envie !
Simplement envie d'envie !
J'ai soif de liberté !
J'ai faim de tentation !
J'ai fou de sensations !
J'ai froid d'été

Alors mes crayons se remettent à danser, à virevolter
Petit à petit, dans un ballet effréné j'en aperçois les contours
Les premiers traits posés sont remplis d'espoir et d'amour
Une esquisse, un essai, un premier jet, un projet
Emportés par une frénésie, ils se lancent dans une chorégraphie rythmée.
Une danse virevoltante de couleurs pour égayer
Il n'y a pas de ratures pas besoin de gomme pour corriger
Que des couleurs vives, chaudes, claires, pastels
Un peu comme un arc-en-ciel

Il est beau mon dessin j'ai envie de l'exposer
Ou plutôt de m'en inspirer,
Pour me dire qu'avec envie
On peut redessiner sa vie
J'vais m'en faire un copier-coller

Pour le foutre dans mon ordinateur interne
J'vais m'efforcer de l'imprimer
Pour le reproduire dans une vie sans peine.

Lu à la fête de la musique de la maison d'arrêt
le 21 juin 2018

Tu me manques

Privé de liberté ! privé d'exister !
Il viendra le jour où ma gueule passera à travers ces barreaux enfin la retrouver
Elle sera là, derrière, patiente à m'attendre
Elle sera là, derrière, la première à m'entendre
Après tout ce temps enfermé, je la redécouvrirai
Après tout ce temps à y penser, je pourrais enfin la toucher
Nous nous retrouverons tous les deux enfin
Pour vivre, vivre sans se soucier du lendemain
J'ai passé trop de temps sans elle, trop de temps loin d'elle,
Ce jour-là, il ne peut être qu'à nous deux et au soleil
Là, face à face, lentement, doucement, je m'approcherai
Une brise légère pourtant son doux parfum que je n'avais jamais oublié
Me transportant à mes rêves secrètement imaginés
Timidement, à tâtons et avec soin, je la serrerai
Avec envie, je ne vais cesser de la dévisager
Avec soin, je vais me délecter à la goûter
Quand elle me collera à la peau, je commencerais à l'embrasser
Sensuellement et tactilement je vais la caresser
Rien ne pourra plus jamais m'en séparer, rien n'existera autour
Enfin réunie avec elle je lui ferai l'amour
Je vais l'attraper et la prendre dans toutes les positions

Qui trop longtemps sont restées vierges dans mon imagination
Brutalement je vais la pénétrer
Pour maintenant prier et il planté mon crochet
Afin de lui prouver que sans elle je ne peux exister
Afin qu'elle se souvienne qu'elle m'a trop manqué
Sauvagement je vais la mordiller pour la croquer
Comme un fruit défendu dont on m'aurait privé
Tel un serpent je m'enroulerai autour d'elle
Pour y cracher mon venin afin qu'elle me soit éternelle
Ouais j'vais passer ma gueule à travers ces barreaux
Ouais ce jour-là sera sûrement un des plus beaux,
Car je sais que derrière ces murs de béton
Elle m'attend et tourne en rond
Il fera beau, elle sera belle et parfumée
Je t'aime Liberté !

MES MAINS

Le ciel est ce matin une rivière
Il pleure tout son univers
Il crie sa colère
Montre sa rage d'éclairs
Alerte météo, vigilance orange
Mais y a vraiment quelque chose qui me dérange
Cette atmosphère lourde et ennuyeuse
Devrait m'inspirer des pensées malheureuses
Même ma fenêtre est fermée pour empêcher cette tristesse de pénétrer
Mais dans ma tête pourtant j'y vois tout clair, tout est dégagé
J'écris pas pour te dire au revoir
Je ne veux plus te revoir
Même si le ciel a du chagrin
J'me dis que ça ira mieux demain
J'm'égare plus en sortant du long chemin de ma dépression
De cette vie j'ai choisi la bonne intersection
Pour toi j'ne me pose plus aucune question
J'ai fini d'en perdre la raison
Notre union
Ne sera plus qu'un trait d'union
J'te laisse avec tes procédures, ton acharnement, tu feras tout en détail
Allez embrasse-moi, il faut que j'm'en aille
C'est aujourd'hui pour moi et la vie le jour de nos fiançailles

J'irais au bout de notre engagement, plutôt mourir que d'avoir une faille
STOP ! C'est terminé, j'ai trop tricoté, j'ai coupé le lien, j'en perdais le fil
J'suis trop fort, même ici pour qu'on me retienne... j'ai l'esprit qui file
Regarder loin enfin
Parce que ça ira mieux demain
Parce que je connais le pouvoir de mes mains
J'irais retrouver toutes mes capacités intellectuelles et manuelles
Même si la foudre me tombe dessus aujourd'hui la vie sera toujours belle
Je vis, je respire, j'suis bien
Et je regarde mes mains
Enfin je sens mes mains et tu sais ce qu'elles représentaient
Enfin mon prolongement n'est plus automatisé
Mes pognes, c'est ma vie qu'on voit dessus et j'en suis digne
Pas besoin de regarder à travers leurs lignes
Elles ont été elles aussi tordues et maltraitées jusqu'à l'os
S'infligeant comme ma vie des souffrances atroces
Mais elles ont retrouvé leur dextérité, leur identité
Elles ont aussi envie de créer
Même si j'ai pas des doigts de pianiste
Mais elles peuvent se rendre minutieuses, j'suis philatéliste
Mes pinceaux souffrent d'une certaine arthrose précoce
Ayant rencontré par mon taf nombre d'écorces
J'ai encore des crampes aux phalanges
Qui me bloquent parfois les articulations, me paralysant un instant, mais rien d'étrange
J'te demanderai jamais pardon pour ce que j'ai pu faire
J'avais juste les mains au sol et les deux genoux à terre
J'étais endormi, tu m'as pas réveillé

Mais à présent j'suis debout et j'ai pas les mains fermées
Parce que ça ira mieux demain
Parce que ça ira mieux avec ces deux mains
J'ai remonté la pente, serré les poings sans le faire savoir
J'ai tout laissé tomber pour un monde d'espoir
C'est ces mains qui vont dessiner doucement cet avenir sublime
Parce que dans ma tête j'ai plein de dreams
Chaque petit instant de cette vie carcérale j'arrive à en profiter
Alors t'imagines quand j'aurai retrouvé la liberté
J'suis pas un intellectuel, j'préfère le manuel
Même dans les relations, j'préfère le tactile, c'est réel
Si j'avais un sens à privilégier dans cette destinée
C'est bien le toucher que je choisirais en priorité
J'aime sentir les choses au bout de mes doigts, toucher, m'imprégner, caresser, créer
C'est pas pour rien que j'ai choisi le naturel pour exercer mon métier
Mais toi qui es-tu pour me juger ?
Toi qui ne m'as même pas relevé !!!
Je ne regrette rien, je n'ai pas de sang sur les mains, mais je ne me retournerai plus sur toi l'animal
Je prends le large, je sauve le beau, je mets les voiles, je pars en cavale
Je repars de rien, mais avec mes deux mains
Parce que ça ira mieux demain
J'ai plus les poings serrés, je tends mes mains bien ouvertes
Pour donner de l'amour c'est la seule chose que j'ai en tête
Parce que mes mains
Sont mes mains
Tu sais qu'elles ont toujours eu du courage
J't'avais offert mon outillage, mon cartilage

J'récupère mes artères
J'regarde plus derrière
Je les ouvre comme mon cœur
À celle qui voudra partager l'humeur, la chaleur, la rigueur, la douceur et pourquoi pas enfin le bonheur
Parce que mes mains
Sont malgré l'usure, des mains de gamins
J'aurais toujours besoin qu'on me guide
En me les tenant pour être lucide
J'suis un assisté des phalanges
Ça vous dérange ??
Moi j'trouve ça magnifique deux personnes qui se tiennent la main
Surtout chez les personnes âgées, c'est un transport de fluide, une jonction simple pour ces demains
Moi, je regarde encore mes mains après ce triste passage du Blizzard
Malgré leur fonctionnalité, il y a un truc bizarre
Elles n'ont jamais été aussi douces, lisses, propres et parfumées
Il y a bien des traces de nicotine, des marques du passé
Des marques de souffrance
Mais elles n'ont pas leur vraie apparence
Il manque des écorchures, des ouvertures
Des cicatrices, des coupures
L'odeur de la sève, de la résine
Du bois, de la terre, des cimes
Du mélange de l'huile et de l'essence
La dureté, la fermeté qui en font leur sens
Ici je me contente d'en tenir le flambeau par l'écriture
Mes notes actuellement définissent ma création du futur
Mais mes mains n'ont pas cette vocation
C'est l'appel de mon métier qui est leur destination

Rien ne m'enlèvera mon amour pour la nature
C'est comme ça, c'est ma nature
Big Flo, Oli
P'tit biscuit
Tous les matins avec vous en cellule je chante et danse enfin
Avec vous je sais que ça ira mieux avec mes deux mains

ÇA VA LISE ?

Ce matin comme tous les matins on me demande à plusieurs reprises si ça va
Que répondre à une question comme celle-là ?
Ouais impecc, putain super, j'suis à donf, j'ai le moral au top
Viens, on va parler en terrasse en s'fumant une clope !!
Sans déconner ça va, ils sont tous là pour étudier le Vidal et exercer des soins ?
C'est quoi ici une fac pour les médecins de demain ?
Qu'est-ce qu'ils en ont à foutre de mon état de santé,
Si j'ai la prostate percée ou le trou du cul bouché !
Ouais ça va et toi ? La réponse aussi con, comme si tu voulais y prendre la tension,
Putain on est en prison !!!!
Manquerait plus qu'on se demande si on a passé une bonne semaine,
Ou les projets pour le week-end !
Mais c'est comme ça, on se prend le pouls
On sait jamais c'est vite fait ici un coup de mou !
Comme au taf, dans notre team si ça va pas on le sent
On en parle sans trop insister juste pour se remonter le sang
Pour ça il n'y a pas besoin d'ordonnance, ça aide de communiquer
J'suis bien placé pour en parler !!!!
Puis t'es anesthésié ici, anesthésié à attendre le temps
Et c'est long à se diffuser dans ton élément

T'es là physiquement, y a un corps, mais mentalement qu'en partie
On t'a trépané le cerveau pour en laisser un morceau dans la vraie vie
C'est pas possible de dire que ça va dans ce formol qu'est la taule
Perso je vais mieux, mais je nage pas dans le bonheur d'une cure à la Baule
Ça va la forme ? Putain la forme de quoi ?
Ouais j'suis prêt ! J'ai fait natation, vélo, cardio, lancé du javelot et du poids
Y sont préparateurs physiques ?
On passe les sélections pour les Jeux olympiques
Ou quand au lieu d'un « bonjour » on te lance un questionnement : ALORS ?
Alors quoi ? Tu crois que j'suis allé dehors ?
J'suis là, j'suis comme toi mec !
J'suis pas allé faire un pèlerinage à la Mecque
Je me suis pas absenté pour la nuit
Putain mec, j'ai juste bougé avec mes insomnies !
Y a la version plus courte « BIEN ? » abréviation de ça va bien
Fatigue vocale, manque de salive, fatigue buccale, vocabulaire restreint
T'as la version généalogique : « ça va la famille ? »
Celle-là je la trouve sympa parce que dans cette galère on forme une sorte de confrérie, une petite famille
Perso on me dit souvent : « ça va l'ancien ? », « ça va tonton ? »
Pourtant j'suis pas le paternel, le patriarche de tous ces rejetons
C'est con ce texte

Mais faut le remettre dans le contexte
Ce matin on m'a dit « ça va »
J'ai répondu « comme un dimanche » c'est tout voilà
Demain j'dirai « comme un lundi »
Puis un mardi
Ici tous les jours sont semblables, la vie est la même, y a que le nom du jour qui change
Et apparemment ces journées ne vont pas bien, y a quelque chose qui les dérange
Elles ont un petit coup de mou : faudrait voir à se soucier de leur santé
J'imagine quand enfin je vais être libéré
La question à deux balles « ça va, j'te croisais plus ? t'étais en congé ? »
Ouais putain !! J'ai pris une année sabbatique
J'suis parti loin, très loin coupé du monde, fallait que je médite
J'avais besoin de faire le point, de retourner ma piste
J'ai fait un plongeon intérieur avec un maître bouddhiste
Je vais bien, j'ai fait un peu de yoga, j'ai la capillarité pour,
Mais qui va croire que j'ai suivi une éducation avec des bouddhas et que je suis sur le chemin du retour ?
En fait ce serait juste le fait d'un bouddha qui saurait mentir
Parce que pour la méditation et la réflexion c'est devenu ma ligne de mire

Un peu, un petit peu rebelle

Je croyais que j'étais du bon côté, que les autres avaient tort
Un jour vivant, un autre mort
Je veux m'en souvenir, car c'est pas faire dans le détail
La prison c'est pas qu'un monde de racaille
Ici y a pas de compte à rendre, faut prendre ce que tu vaux
J'suis pas dans mon élément, j'suis comme un poisson hors de l'eau
Tu m'as fait prendre le large pour penser à tes côtes
Mais j'suis plus fort que tu ne le penses
Elle m'imprègne la taule, j'la vis bien cette expérience
J'ai beaucoup réfléchi à nous et j'suis mieux dans mes bottes
C'est pas la vie que j'avais choisie, c'est toi qui me l'as imposée
La chaleur, l'humidité, la crasse, la peur, les craintes rien n'y fait
Tout est menaçant, le calme comme le bruit
Tout est autre ici
Tu m'as envoyé dans un autre monde pour un surprenant voyage
À côté d'hommes qui ne sont pas venus ici pour un pèlerinage
Mais j'tourne plus en rond, tout tourne rond
Ton jeu, ta mascarade, j'ai pris le temps d'en tirer les conclusions
Bien sûr que l'alcool est une probabilité, mais je sais ce que tu cash

Tu es en partie responsable de mon impasse
C'est la vie, c'est la guerre, on fait prisonniers les rebelles
Tu apprécies ton nouvel homme, plus rien ne s'emmêle
Tu fais corps avec autre chose que l'humanité
Ce qui t'importe c'est pas la sardine, mais le brochet
Ce que j'ai appris ? C'est qu'on est jamais à l'abri
De toi j'aurais dû m'en méfier jour et nuit
J'aurais pas dû m'assoupir, encore moins dormir
Mais je pouvais plus tenir
C'était pas de l'alcoolisme
Ni du paludisme
Toi tu souffres d'une maladie bien plus grave qu'on appelle l'égoïsme et l'avarice
Les autres ne fous pas tes mains dans leur pisse
Une dépression elle te prend tes faiblesses, pas pour les garder, mais pour les multiplier
Qui m'a mis hors-jeu ? L'arbitre c'était toi, un match truqué, question de monnaie
Je me suis assez tourné les choses dans la tête
Une chose t'intéresse dans la vie, être au chaud dans ta couette
Pourquoi as-tu refusé un premier mariage
Pourquoi m'expulser, car j'en menais pas large
Tu ne connais que quelques brides que j'ai voulues te dire
Qu'est-ce que t'en as foutre, ta quête c'est ton empire
Tu ne sais même pas si je buvais pour le plaisir ou me venger
Pour hurler en moi des chagrins pour dans des verres les diffuser
Avec dans la tête un énorme brasier, un pilon sur un mortier
Je ne jouais pas avec du verre
Ça coupe juste les artères
Parce que la vie liquide
Fait oublier ou pas ce qui est limpide

C'est juste un point de compression
Qui attire d'autres contradictions
Boire parce que tu as mal partout, pour oublier ces douleurs
S'abrutir dans des verres d'humeur, des verres d'horreur
T'inquiète pas il faudra s'en expliquer
Après le rebelle ira se volatiliser
Bien sûr que j'ai le droit de me rebeller
Même avec un crayon et un papier
Parce qu'on me dit fort et courageux face à mes douleurs
Mais personne ne sait que je prends encore sur moi pour vaincre mes peurs
La lutte contre cette maladie est encore incessante
Je me dois de tenir, continuer parce que la vie est bandante
C'est une bataille de tous les instants
Déblaiement et nivellement
Suis-je là où je dois être ?
J'pense pas, mais j'suis libre dans ma tête
J'suis tombé de haut, tombé dedans, tombé en cage
L'important c'est juste l'atterrissage
J'ai pas récité de prières à dieu le père
J'suis rebelle et j'fais seul ma guerre
Toi tu devrais retourner à l'église demander confession
Car c'est toi qui as trahi, offensé en ne voyant que le pognon
J'ai résisté à une dépression, une séparation, la taule
Rebelle avec ce stylo que je tiens en main et tu vois que ce n'est pas une question d'alcool
J'ai appris et j'ai compris que tant qu'on a pas tout donné, on a rien donné
Toi, tu t'es contenté de prendre sans aider

17 septembre 2020

J'AIMERAIS JUSTE

Ce que j'aimerais ? Gommer ce triste passage de ma vie de prisonnier pour mes enfants,
Mais pour moi il restera gravé à jamais intérieurement
J'aimerais qu'on dise de ces pages que c'est juste une personne qui s'asseyait
J'aimerais qu'on dise comme cette période je m'assieds à cette table pour discuter
Encore seul, mais pour bavarder sans personne autour
Un temps où je suis peut-être seul à m'intéresser encore à l'amour
Ce temps que je prends, car j'ai souvent pas sommeil
Ce temps à m'asseoir et à regarder le ciel
Je converse tard parfois ça me fait souvenir pourquoi je suis là derrière une porte
Très tard, trop tard, souvent, alors que le monde dort et que cette prison est morte
Je trouve toujours quelque chose à dire sur celle que j'aimais comme un con
Ces entretiens avec moi-même ne sont pas autre chose qu'une écriture de communication
J'aimerais juste qu'on dise que je m'asseyais
J'aimerais juste qu'on dise que je bavardais
Quand j'écris, je parle, c'est une création orale qu'à un sens
Si j'écris, je parle, je me parle et je parle à celui qui le veut, en silence

Parler revient alors à écrire à haute voix
C'est la difficulté que je rencontre encore parfois
Écrire me sert à sauvegarder mes conditions, mes préoccupations malheureuses de ma destinée
Écrire pour sortir mes pensées comme pour vouloir m'en débarrasser, m'en passer
Écrire du bien souvent à une heure tardive, une idée, une coïncidence, un projet
Comme une pirouette qui peut des fois redonner confiance pour une journée,
Si j'écris beaucoup en ce moment, c'est que c'est vital
Écrire, écrire que je vais mieux, toujours, encore mon cérébral
Alors si un jour vous tombez sur l'accumulation de mes écrits, il ne faut pas les dévorer,
Mais un après l'autre, quatre, cinq juste pour les picorer
Puis posez l'amas de feuilles volantes pour se reposer
Le ressortir en faisant à chaque fois la même chose dans un bar enfumé
Je ne suis pas écrivain, je ne suis rien, juste seul cent personnes à converser
J'espère que plus tard, par mes enfants, ces écrits seront conservés
J'espère pouvoir avec d'autres en dialoguer
Autour d'un verre, débattre, s'écouter, discuter
Parce que je pense que d'écrire comme je le fais, par besoin, est meilleur qu'une séance de yoga
Écrire pour exprimer ce que je ressens dedans,
Écrire pour mes enfants,
J'aimerais juste qu'on se souvienne que je ne suis qu'un homme
Que je suis assis à une table pour discuter avec moi sans personne

BESOIN D'AÉRER

J'vous jure j'ai envie de la braconner la vie
Tu me manques trop, j'en ai envie
J'veux rien de valeur, j'm'en branle, j'veux du plaisir au bas coût
J'veux me promener son mur, ni grillage autour, sentir l'air sur mes joues
Simplement profiter des moindres occasions pour m'en faire des orgies
Parce qu'elle m'a trompé et moi j'ai pas tiré gloire de ma fidélité aussi
Entendre le chant des oiseaux, marcher au milieu de la nature
Et au vu des difficultés actuelles, je ne peux que l'imaginer en peinture
Lors de ces marches, bien sûr que je vais éprouver une certaine nostalgie
Parce que ces chemins, je les empruntais avec elle, Nathalie
J'vous jure, j'ai envie de sentir direct la fracture avec la terre, les arbres
Ça me manque trop, j'en ai besoin pour mes poumons, ici c'est macabre
En fait je comprends la vie après la mort
Et les conneries c'est bon, j'fais plus corps
J'm'en branle de finir solitaire, mais j'veux toucher l'âme de cette terre

Parce que le bonheur il est en fonction de moi-même et pas de ce qu'il y a derrière
Parce que la vie elle est belle tout simplement
Profiter de l'air, du vent, marcher devant
J'ai assez reçu de gnons et de claques,
Que j'ai envie de sauter dans les flaques
J'vous jure à vrai dire, y a un truc qui me turlupine depuis des années
Quelque chose qui m'a toujours trotté et que j'ai pas pu oublier
Comme un rêve de gosse qui est resté dans ma tête, toujours présent, jamais mort
Au contraire toujours vert et bien plus en ce moment encore
Partir et vivre une vie simple au fond d'une étroite vallée
Pour une vie saine et confortable avec un chien pour m'accompagner
Je vais vendre une terre chère mais qui pour moi n'a plus aucune valeur
Devant partir, en acheter une moins cher où j'aurai du bonheur
J'demande rien, la tranquillité, de quoi cultiver et produire pour tirer profit de ce fruit
Le reste, j'm'en branle, ouais un chien, un toit, une cheminée, c'est ça la vie
J'espère que mes raisons aboutiront
Tout est suspendu encore au sort de cette maison
En attendant, j'irai marcher dans la colline et les forêts
Juste pour leur faire signe et montrer que je ne peux pas m'en passer

23 septembre 2018

P'TIT SCÉNAR

Vraiment dans ma carrière d'artiste, j'ai mis tout le meilleur de moi-même
Par contre les spectateurs, c'est moi qui les admire, mais aussi avec leur incompréhension face à mon problème
À un moment, ben, y a eu la fin du film, fallait éviter les longueurs
On est revenu au court, très court métrage, hors budget pour une histoire de cœur
Moi j'présentais des essais
Certes visionnés, mais bien balancés
À une rupture cérébrale, plongée dans l'inconnu
Une rupture radicale dans son absolu
Je me suis mis à écrire, j'ai plus besoin de préliminaires,
En secret, je revendique le droit qu'elle s'est trompée de guerre,
C'est encore un dialogue de sourds, comme si j'écrivais un testament
C'est notre jeté en vrac, sur des feuilles volantes pour passer mon temps
Pourquoi ? pour qui ?
Pour moi sans doute, histoire d'avant la griller, raconter ma vie
État des lieux d'une story
Au-delà des motivations intimes, de ça j'en crève aussi

J'aime écrire de plus en plus, mais c'est malsain pour ma tête qui pense
Je vais accélérer les rushs, les images de notre existence
Mes fils Arthur, Théo, Tom et Hugo
Si futés, si différents, si beaux
Sérieux, si j'avais du talent, j'écrirais un scénario à présenter à un réalisateur
Franchement moi j'appelle ça la comédie du bonheur
Pendant plus de vingt ans, il me semblait qu'on s'était aimé
Moi j'l'ai aimée
De l'écrire, ça m'file des érections du cœur
Être sentimental, c'est mon malheur
Même séparé, même amputé de mon corps
À mourir, je l'aime encore
Partant de ça, je l'aime à mourir comme la chanson
J'suis déjà en prison, je vais quand même pas mettre ce projet à exécution (j'ai failli)
Quoi que j'ai passé tant de temps à souffrir dans mon angle
À choisir si c'est pour bientôt, j'voudrais qu'elle m'étrangle
Toute façon, j'étais déjà à moitié décédé
Quand elle a braqué ma vie, fallait savoir sûr qu'elle portait le pistolet
Parce que moi j'avais que mes larmes au point pour riposter
Elle va pas me ressusciter, elle peut finir son projet
Puis, elle est forte comédienne, en plus de 20 ans sa carrière a fait chemin,
Elle peut même le masquer en suicide
Comme ça, sa vie en sera plus limpide
Elle peut, après tout ça, elle mériterait même le César du meilleur espoir féminin
J'suis encore pessimiste mais l'avantage c'est qu'on peut avoir de bonnes surprises

En parcourant ces quelques lignes précédentes, j'me dis que ça s'rait un beau scénar de couple en crise
Surtout avec moi, j'avais mal au monde,
Comme si même la terre, j'la trouvais plus ronde
Chaplin reviens, j'te veux dans mon film un noir et blanc
On fera des acrobaties, des chutes en se taisant !
Ce sera pas les temps modernes,
Mais le temps de ma caverne
Ouais, mais pour ça il faut remonter sur les planches, là j'essaye du salut
J'suis sûr que ça ferait un carton un bon cru
C'est un peu comme la trame d'un film policier il fallait juste une hypothèse
Et comme souvent dans ce genre, la coupable était là sous les yeux, c'est le malaise,
Faut des rôles dramatiques, tragiques,
Rien de comique
Ouais ça serait pas bête,
Mais leur voler encore la vedette
Moi celle de police
Et pas de happy end avec un french kiss

Je rime, mais je rame
Faut que j'change de came

                                                                13 septembre 2018

L'HOMME CANON

Dresser le chapiteau ! Approchez, approchez ! Vous allez vivre un numéro spectaculaire
Approchez ! Approchez ! Venez admirer et flotter dans les airs
Ce soir, devant vous messieurs, dames, moi Monsieur Loyal vous invite à partager ma piste
Ce soir place au seul et unique artiste
Un numéro époustouflant qui va vous procurer d'énormes sensations
Ce soir je vous présente « l'homme canon » !

Tous les jours, tous les soirs, la même répétition, les mêmes gestes, monter le chapiteau
Se préparer, sans répétition affronter la piste, les gens, faire le show
Tous les jours entrer dans ce canon qu'importent les conditions climatiques
Tous les jours dans ce canon étroit j'ai le corps qui devient élastique
Tous les jours dans ce canon noir, sans protection, sans casque
Tous les jours dans ce canon froid je fixe le ciel et j'ai le masque
Je suis l'homme canon
Dans les airs je me fonds

Tous les jours dans ce canon, j'm'allume la mèche
Tous les jours dans ce canon, j'entends sa combustion lente et sèche
Tous les jours dans ce canon j'entends cette explosion
Tous les jours dans ce canon qui me projette au loin
Tous les jours dans ce canon ce n'est pas une illusion
Tous les jours dans ce canon c'est mon corps qui fait chemin
Tous les jours dans ce canon dans toutes les positions je m'envoie
Tous les jours dans ce canon c'est sur ma tête que je me reçois
Je suis l'homme canon
Et dans ma tête ça tourne plus rond
Tous les jours dans ce canon je rajoute de la poudre encore
Tous les jours dans ce canon pour aller de plus en plus loin avec mon corps
Tous les jours dans ce canon augmenter les distances, m'envoler
Tous les jours dans ce canon pour que ces vols durent et me fassent oublier
Tous les jours dans ce canon de la poudre, toujours de la poudre
Tous les jours dans ce canon parce que dans ma tête je deviens sourd
Et un jour, hors de ce canon, j'suis allé trop loin, trop loin et c'est ma tête qui est devenue poudre
Madame Loyal n'a même pas lancé un avis de disparition
De son cirque pourtant j'étais l'unique attraction
Peut-être qu'un remplaçant elle a trouvé
Je serai pas du tout choqué
J'étais l'homme canon
J'étais celui qui n'avait plus rien dans le citron
J'ai essayé de retourner à mon cirque fétiche

Mais il avait changé d'affiche
Je ferai plus partie des artistes
Je pourrai plus aller sur la piste
Toute façon c'était plus pour moi ce rôle de boulet de canon
J'avais trop pris de chocs dans la tête et j'avais plus la passion
J'vais pas foutre ma vie en l'air pour en mourir
Marre de ces vols aériens, sans casque, sans filet pour amortir et rebondir
Puis ces vols n'avaient plus rien d'aérien
Je cherchais en fait une issue, une fin
J'suis pas l'homme canon
J'suis juste l'homme con
J'ai fait de mon existence il est vrai, un spectacle tout aussi pathétique
Le canon noir c'était ma tête aussi, une tête qui a pris des chocs comme des décharges électriques
La poudre, c'est ce que je m'injectais pour m'envoler, m'évader, fuir
Des vols de plus en plus loin dus à une immense dépression qui a rongé ma vie à tout détruire
Ouais j'ai jamais décollé avec un canon
J'ai même jamais pris l'avion
J'ai été ailleurs avec cette maladie, seul et je me suis perdu
De longues années à voler dans mon inconnu
Dans le rôle des spectateurs, mes enfants, Madame Loyal, ma femme, le cirque, ma maison
Tous réunis pour voir le spectacle de l'homme qui tombe, chute sans se poser de raisons
De l'homme qui a perdu sa tête puis son cœur
Qui vit à sa recherche avec un pacemaker
J'étais pas un artiste
Juste un homme triste
J'vais trouver un canon à remettre dans ma tête

Pour m'envoyer en l'air et nager avec les étoiles, les astres, les planètes
Pour être bien simplement
Sans choc violent
J'vais trouver un canon
Féminin, il sera pas blond
Question de goût, à l'inverse des clopes, j'préfère les brunes
Et puis merde ! Qu'importe la couleur, en tout cas j'serai plus l'homme dans la brume !

PAROLES, PAROLES…

On peut passer des années à côtoyer une personne sans la connaître, sans vraiment la rencontrer
Pour nous deux, c'est toujours ce qui me vient à la conclusion de cette histoire désormais passée, mais jamais oubliée
Cette histoire, celle de mon mutisme, de sa surdité, de son ignorance en fait une absurdité
N'était-il pas mieux de creuser cet alcool pour voir ce que je cachais
J'étais muet et sourd, un taré de la nature, de la vie blessé,
De ne pas me l'avouer, de ne pas l'avouer et d'agir comme je l'ai fait, renvoie encore à ma culpabilité,
En fait on se heurtait à la barrière de la langue, notre communication était très limitée,
Il lui aurait fallu un interprète pour passer d'une langue à l'autre, un psy, mais elle a refusé
Ça aurait pu être un genre de passerelle linguistique
Puisqu'elle se focalisait sur l'alcool et moi je m'expliquais pas mes problèmes psychologiques
Je me parlais à l'intérieur de moi-même,
Et j'me suis posé bien, bien, bien, seuls des problèmes
Je cherche pas à convaincre, mais à dire ce que j'avais réellement
Ce que je pensais, ce que je ressentais, ce qu'à présent je ressens

Comment parler de cette sordide épreuve qui m'a plus ou moins condamné au silence
À l'effacement par ce liquide, la non-acceptation d'une part de mon existence
Je ne comprends pas, un couple doit s'imprégner du ressenti de son partenaire
Avoir une vraie connaissance, comme un double, partager son univers
En fait, entre elle et moi, on se connaissait mal, au bout de tant d'années il y avait un fossé d'ignorance
Si on se voyait pas, si elle comprenait pas, il y a eu en plus l'endettement, l'accumulation de toutes ces souffrances
Mes crises et mes pleurs disparaissaient en buvant,
Je comprends qu'il n'y a plus eu d'entendement,
Mais la parole n'est pas que vocale et sonore
Les gens, les attitudes, le comportement renvoient à la tribu de ce qui dort
La difficulté tient à exprimer ce que l'entourage peine à saisir
Mettre en mots, dévoiler le Dark Vador, la part sombre de son passé, de son avenir,
Comment parler sans paroles ?
Sûrement pas en voulant oublier avec l'alcool !
Mais quand on n'évacue pas et qu'on parle pas et qu'en face on voit cette chute tragique
C'est encore au prix de plus de chocs psychologiques et même physiques
La colère et les souffrances au fond de moi se sont accumulées,
Entraînant une dégradation de ma personne, jusqu'à m'étouffer
La prison c'est malheureux, mais ça a été une sorte d'éveil
J'ai pu communiquer, échanger et ne plus voir les choses pareilles

La richesse des rencontres m'a fait découvrir d'autres cultures,
C'est très dur la taule, très, très dur, mais j'ai vu une ouverture
Reste plus qu'à l'agrandir en se donnant les bons choix,
Mais je ne veux plus revivre ce que j'ai vécu seul, plus jamais ça !!!!!!!!

Encore aujourd'hui, j'ai connu un besoin vital de lui parler
Pour me déculpabiliser et voir l'écho de mes paroles, sans plus, en toute sincérité

14 septembre 2018

MA CONSULTATION

Ça va ? ça va ?
Qu'on arrête de me demander si ça va !
Certaines douleurs peuvent se soigner avec un médecin,
Mais je connais pas de remède miracle au chagrin.
Alors cette cellule serait une salle d'attente ?
Quand viendra mon tour ? Combien de temps faut-il que je patiente ?
Je me suis pointé, j'avais pourtant pas rendez-vous,
Je suis entré et on m'a crié « RENDEZ-VOUS ! »
J'en ai vu des généralistes, des spécialistes,
Mais pas pour des cas aussi atteints que moi j'ai le syndrome du triste
Évidemment ma consultation n'est pas banale,
Mais il faut que j'me soigne j'ai trop mal
Mes symptômes ne sont pas vraiment visibles,
C'est à l'intérieur que c'est perceptible.

Doc, y a quelque chose qui cloche,
Doc, j'ai peur, je pars en brioche.

Je m'explique, je raconte, je dis que ça ne va pas.
Mais des fois, j'ai l'impression qu'on me comprend pas,
J'avais attrapé une maladie qui change toutes perceptions,
Sale gangrène qui m'a provoqué cette sale réaction.

L'automédication avec un poison alcoolisé ça fait pas bon ménage.
C'est pas transmissible, tu oublies ton mal, mais ça fait trop de ravages.
Le diagnostic fut simple et rapide,
Dépression qu'il a dit d'une voix qui résonne encore dans mon vide.
Indifférent je suis resté, car je le savais sans oser me l'avouer.
Je suis pas devin, mais en moi, je la ressentais,
Alors je dois me redécouvrir à l'intérieur
Me soigner parler cracher expulser pour sortir mes douleurs.

Doc c'est pas mal les médocs,
Doc, mais mon cœur, y fait pas bien toc toc.

Arrête avec ton stéthoscope
C'est mon cœur qui fait qu'on écope,
Il est triste, il peut plus éponger
Toutes les larmes qu'il peut verser.

Je l'ai pris pour un charlatan, un menteur
Car je suis reparti sans ordonnance du bonheur.
C'est mes anticorps qui doivent lutter contre toi mon virus.
Maladie d'amour, elle m'a prise des tripes jusqu'à l'anus.
Il n'y a pas de sorcier pour un filtre contre l'amour,
Ou un druide à potion pour t'effacer pour toujours !

Putain d'addiction en moi
Putain d'addiction en toi

Faut que j'arrive à décrocher,
Mais j'suis calmé de toi depuis tant d'années
T'étais rentrée en perfusion dans mon cœur

Comme un vaccin injecté pour le bonheur
Je dois tenter un difficile sevrage,
Mais j'en ai marre de combattre j'ai plus de courage
C'était toi ma carte vitale
Et c'est toi qui m'as fait mal.
T'étais ma mutuelle
Protection essentielle et à la fois cruelle.

Doc, c'est grave d'aimer ?
Doc, c'est grave de ne pas être aimé ?

Autant de questions qu'un simple examen
Ne décèlera jamais même avec grand soin
Autant de questions que je ne cesse de me poser
Dans ma salle d'attente où on m'a enfermé.

Mathématiques

J'ai toujours été en misère avec les mathématiques,
Mais quand je les compare à ma vie j'vois des choses identiques
À force de calcul je sais pas si j'ai obtenu le bon résultat
J'ai essayé de tracer les règles pour trouver le bon angle droit,
Mais mon rapporteur n'avait pas les bons degrés
Pour les transposer sur ma vie ce n'était pas du papier millimétré
Avec moi-même j'étais pas parallèle
Équilatéral voire isocèle
Je me suis tracé ou plutôt suivi une ligne directrice floue
En suivant la diagonale du fou
J'ai essayé de me creuser les méninges en me posant les bonnes questions,
Mais je n'ai fait qu'en apercevoir de moi-même les divisions
Absorbé par des questionnements incessants mon cerveau en fraction
Que de points négatifs, que des moins, pas de positive addition
Accumulation d'inéquation de vie avec moi-même, j'ai pas su faire face à mes problèmes
J'ai voulu réfléchir seul à la solution de ce théorème
Sans l'exposer, j'ai voulu cacher les points d'origine, le facteur premier
Tellement perdu, je ne savais plus à quel groupe j'appartenais

Torturé avec moi-même j'ai accumulé les échecs à l'infini
J'ai fait des fautes je n'étais plus parfaitement en géométrie
Tellement compliqué, difficile à résoudre seul, un peu comme de la trigonométrie
Nos droites se sont entrecoupées pour en faire des perpendiculaires
Perpendiculaires à notre origine, à notre abscisse
Les segments de nous-mêmes jouaient les triangulaires
Tu m'as classé dans l'ordre décroissant, entre parenthèses, tu n'as pas eu le besoin de calculatrice,
De ton énoncé je n'étais plus la retenue
Je dois faire la synthèse d'une antithèse d'une arythmétrie perdue
Tu m'as soustrait de ton équation de la vie
Je ne suis plus qu'une virgule sur ton tableau noirci
On n'était plus d'équerre moi j'avais plus ma base
Tu as tracé ta médiane ailleurs dans une autre case
Pourtant on s'était mêlé nos produits
Pour arriver à la multiplication de nous
Pour avoir le résultat de quatre bouts
Sans calcul, sans questions, à l'infini,
Mais moi j'avais trop de problèmes propres à moi
Que je n'arrivais pas à résoudre même en me posant des produits en croix
J'ai essayé de les résoudre à un autre facteur premier
À force je me suis fractionné
Et toi tu n'as plus voulu me réadditionner
Préférant te substituer à un inconnu
Tu n'as pas cherché la racine de mon problème non résolu
C'est pour ça que j'aime pas les mathématiques
C'est pour ça que j'en ferai plus une thématique,
Car comme notre vie, on aurait pu l'écrire à l'infini
Elle se termine sans solution indéfinie

JOURNÉE DU PATRIMOINE

C'est comme une sorte de cancer de l'esprit, un virus qu'on m'aurait administré
Des spasmes dans la tête, une respiration cérébrale pas ventilée
À vomir de rage, de colère du mal
Et je paye pour avoir été amoureux, c'est pas banal !
Mais c'est elle qui a kidnappé mon cœur
J'ai rien demandé, c'est pas moi le voleur
Échoué sur cette banquise à la dérive je t'aime toujours malgré cette fausse culpabilité
Un seul objectif m'anime, me remettre en marche après un coup d'arrêt
Un coup en maison d'arrêt
J'ai pas l'intention de baisser les bras, j'vais pas rester l'arme au pied
Pour mes gosses, j'm'en branle, je me battrais contre vents et marées
Parce qu'ils doivent connaître la vraie vérité
Elle s'est dérobée devant l'obstacle
Vu mon état et le peu de ressources, elle m'a fait un tacle
Sans se soucier de ce qu'il y avait dans l'habitacle
Et elle s'est montrée à la hauteur du spectacle
Et moi qui savais, je trouvais mon idée généreuse, originale de la revoir

Plutôt sadique, il a fallu se faire une raison, elle m'a même pas dit au revoir
Mais j'avais cet amour, ce dégoût, ces pertes de repères
Elle a préféré le combat à une réflexion sur une âme en galère
Quitte à faire souffrir autant le faire correctement, elle m'a offert une bonne place
Il n'y a vraiment pas de justice, pas la moindre confrontation, de mes dires pas une trace
Que faire mis à part autre chose que de me taire ?
Ouais, là, j'voulais ouvrir mes artères
Patrimoine pénitentiaire
Patrimoine de fer
Aujourd'hui c'est la journée du patrimoine
J'ai connu les Baumettes historiques pour qu'elle m'éloigne
J'ai découvert le vacarme, les odeurs, les couleurs
Les regards, les craintes, les désirs, le malheur
Tu te frayes un chemin parmi plusieurs centaines de non-surveillants
La peur succède à l'observation du dedans
Une peur bizarre, car personne ne connaît ton visage
Une peur comme un bizutage
Les bruits et les tensions qui montent dans ta conscience
Ah ouais, t'y es ! C'est la vraie et c'est pas de la jouissance !
Tu files dans des couloirs qui défilent avec des filets suspendus
On est quelques-uns à grimper les marches d'un escalier sans issue
Patrimoine national
Patrimoine carcéral
T'es un intrus, t'es pas à ta place
On te palpe encore sans omettre les mains basses
Je me souviendrai toute ma vie de mon arrivée
C'est étrange, c'est concret, mais encore hors réalité

J'ai marqué l'arrêt, ma vision se troublait, j'étais pas en éveil
Perdu dans l'irréel et le réel qui s'emmêlent
Je suis à présent à Draguignan, les mois ont passé
Pas les mêmes lieux, mais toujours une prison faite de prisonniers
Quoiqu'il arrive, même si je vais mieux, ça restera de la souffrance
La taule on peut pas la décrire, faut la vivre, c'est intense
C'est chaud, c'est dur psychologiquement et faut être fort
J'suis presque au bout du chemin, encore quelques efforts
Mais vite que je m'éloigne de ce lieu le cœur et l'âme libérés
Le cœur sera toujours blessé et l'âme l'aura à vie gravé
Patrimoine carcéral
Pour un choc cérébral !!!!!

15 septembre 2018

Vite tu me manques

Et ouais j'suis émotif sensible un gamin dans un corps de skinhead
J'ai pas l'habitude de faire les choses seules, une dépression, me fallait de l'aide
Ce que j'ai vécu c'est comme prendre une route linéaire qui se transforme en impasse
Et pour montrer qu'elle m'avait fracassé, ça a laissé des traces
Comme si le passé, le présent, le futur se brisaient contre le mur
Aussi imprévu qu'incontournable rendant mes idées moins pures
Après il a fallu s'éloigner de toi avec la sensation d'être privé d'être heureux,
Car tu étais essentielle et tout ça m'a encore coupé en deux
Tu m'obsèdes et quand on rêve éveillé on a moins envie de dormir
J'le savais pas que vivre sans toi serait aussi dur j'ai failli en mourir,
Mais putain aujourd'hui j'ai envie de l'embrasser
Qu'est-ce qu'elle peut me manquer j'aimerais lui dire que je l'aime
J'en ai envie j'ferais même des rimes pour lui expliquer
Je sais pas si c'est cette attente, mais j'veux qu'on s'amène
Je n'écris pas pour une rédemption c'est que j'arrive pas à l'oublier

Mes mots sont sincères et pure vérité
Évidemment pour moi ce lien a été rompu pour une raison bancale
Que je sois là sans elle j'trouve ça anormal
On m'avait prévenu que ce serait difficile de l'oublier et de s'en passer
Même après des mois d'attente à chercher et calculer, je veux la retrouver
Ici j'ai appris à parler, entendre, donner et recevoir
J'ai appris la vie une autre et j'vois plus tout en noir
Je me suis posé, j'ai évacué et je joue plus un rôle
J'ai faim et je veux la retrouver, c'est bien la preuve que ce n'était pas dû à l'alcool
Elle me hante en ce moment plus qu'avant, je la sens même sans fermer les yeux
Je ne pense plus qu'à elle du matin au soir, ça devient monstrueux
Y a tellement de choses qui ont changé en moi j'espère qu'elle m'attend aussi
Je la vois elle est là dans mon esprit
Ici tous les moments j'arrive à les bonifier ensemble cette nouvelle vie on va en profiter
J'ai tellement d'idées nouvelles dans ma tête que je suis obligé de les noter
Cette vie à deux ne sera pas la même plus rien ne sera pareil
Je suis déterminé et j'espère qu'elle aura son goût de miel
Je suis mieux, mais pas heureux sans elle, je patiente dans ce monde peu banal
J'ai compris les règles de la vie et j'suis pas à ma place dans le carcéral
Alors je regarde par la fenêtre et j'l'imagine derrière
J'ai envie d'être avec elle pour la saisir l'attraper de façon volontaire

J'me suis donné les moyens d'être mieux et apaisé et elle me doit des comptes
J'ai envie de la retrouver comme une nouvelle rencontre
Je sais que je n'en ai plus pour longtemps pour pouvoir, j'espère la serrer
Elle m'attend je le sais, je suis prêt à foncer
Parce que j'm'en bats les couilles, rien ne pourra m'arrêter
Elle m'a trop manqué liberté !!

J'AURAIS PU DIRE

J'aurais pu parler ce soir de mon nouvel espace
Que j'occupe depuis environ trois semaines mon taf
Passer un peu plus de cinq heures par jour au milieu des livres et des mots
Bibliothécaire mon nouveau boulot
J'aurais pu vous dire que je manipule nombre de bouquins
Que je prends le temps pour les achever tel un assassin
Que je me drogue de lecture d'écriture en taule, c'est devenu ma came
C'est ce qui me fait tenir durant cette épreuve et fait réfléchir mon âme
J'aurais pu vous dire que j'éprouve un vrai bonheur à découvrir des écrivains
Que je ne connaissais pas et que leur nourriture me donne toujours plus faim
J'aurais pu vous dire que l'échéance approche pour sauter au-dessus de ces murs
Que j'attends certaines décisions sans autant me rendre la peine plus dure
Que je patiente que je me pose encore pour réfléchir et que je m'en fais pas une focalisation
Bien que mes projets et idées de sorties en deviennent de plus en plus une ventilation
J'aurais pu vous dire que la liberté me manque énormément

Et que j'ai envie de l'expérimenter à nouveau, mais autrement
Qu'au bout de dix mois entrecoupés de quinze jours pour ça, ça commence à tirer
Et que je ne peux pas encore affirmer à quelle date je serai libéré
J'aurais pu vous dire que je ressens ce que peut ressentir un marin
Vivant sur un rafiot, prisonnier de la mer, torturé de la nostalgie des siens
Écrivant ses récits, le temps devenant ses phrases, comme ses textes sans but précis
Si j'm'étais penché autant sur ma vie avant, je serais pas dans ce putain de taudis
J'aimerais vous dire que j'ai changé volontairement, radicalement
Que cette expérience a fait de moi un autre homme totalement différent,
Mais ce serait mentir, je m'suis soigné, j'ai grandi et rien ne changera mon tempérament
Je suis tel que je suis, qualités et défauts et une âme d'enfant
J'aurais pu vous dire que j'ai pris conscience et qu'il serait temps d'explications
Qu'il n'est jamais trop tard des deux côtés pour une rédemption,
Mais ce serait mentir, car des deux parties le mal est accompli
Rien ne pourra effacer ce qui a été commis.
Ce que je veux dire c'est que ça fait deux trois jours que je n'arrête pas de penser à elle
Je ne sais pas si c'est la durée de cette peine, l'approche, mais j'ai la haine
Parce que pendant tout ce temps depuis le début je suis hors réalité

C'est elle qui avait décidé de me malmener et moi j'étais carbonisé
Je me souviens encore de ces sourires quand on m'a emmené
Et au plus ça va, au plus il y a ces images de condés
C'est pas pour rien que j'en reviens toujours à un seul point
Si tel est le cas, y a problème et là, je resterai pas encore en chien
J'vais pas utiliser le reste de mes cartouches
Je les garde, mais cette histoire est vraiment louche

SURTOUT NE PAS MENTIR

Trop d'entassements, trop d'encombrements
Perdre du temps des trucs des choses des gens
Perdre son boulot galérer le chômedu c'est dur à supporter
Je me suis senti trahi inutile et ma frustration s'est reportée
Je ne savais plus pourquoi je me réveillais le matin
Et ce n'était que le début aussi de la fin
J'ai sombré dans une dépression carbonisée
C'est mon corps qui a choisi pour moi je n'avais pas la clé
Cloîtré dans un état de conscience fou et de culpabilité
Si tu m'avais aidé si tu m'avais aidé
J'avais trop honte de moi pour t'aimer encore d'envie
J'avais peur de voir dans ton regard que j'avais gâché ma vie
Je regrette qu'on ait poussé les choses trop loin
J'ai envisagé de recommencer un bout de chemin
Du moins de recoller les morceaux
Mais le mal est fait et tout peut s'écrouler à nouveau
Petit à petit je me ménage une existence sans toi
J'ai fini par me faire à l'idée que j'ai raté à un endroit
Mais il me reste trop peu de temps pour y penser
J'ai essayé et je ne peux plus rien y changer
Si je devais me raccrocher à quelqu'un ce serait avec moi
Soit je me tirais une balle dans la tête soit je me donnais le choix
Je ne te dois rien et tu ne me dois rien surtout
C'est pour ça qu'on peut tout se dire à présent

Sans complexe ni haine, en parlant
Je me suis assez bien emmerdé la vie pour une dépression en prison, c'est fou
Peu m'importe la sorte et les répercussions morales d'un tel jugement
Le temps est passé je n'en ai plus rien à foutre maintenant
Crois-moi que si je trouve une femme, elle sera légèrement différente
J'y prendrai plaisir à m'offrir d'une certaine manière si elle est aimante et cohérente
En ayant pour seule consigne de ne pas se précipiter et surtout de ne pas mentir
De ne pas faire semblant, je préférerais partir ou mourir

Alors, heureuse ?

T'as présenté ton nouvel amant
Passé le plus grand bien pour tes enfants
Le type avec qui tu partages le lit de leur père
Il est un peu plus jeune que celui que tu as envoyé aux fers
Il est gentil avec toi, c'est ce que tu déballes
Tu vends bien le produit qui t'emballe
Sauf que tu mens, tu trembles, tu essayes de rester ferme, de ne pas déraper
Peut-être que tes enfants aimeraient que leur père revienne et ne soit plus prisonnier
T'as dû demander leur bénédiction pour te faire baiser,
Y sont contents que tu sois accrochée à une bouée,
Peut-être aussi qu'ils se disent que leur père a été cocu
J'suis pas mort, c'est d'avant, c'est neuf pour être si tordu
Tu parles d'une histoire d'amour prématurée
Je te trouve un peu naïve ou sacrément gonflée,
Mais il te fallait une raison pour te lever, t'habiller et te maquiller
Une femme qui avait sûrement imaginé une autre destinée,
Mais tu as été trop facile en jugeant quelqu'un qui se noie,
T'as pas voulu que toi la maître nageuse sois accrochée avec moi,
En apparence, il ne ronge pas son frein,
Mais il y a un conflit de loyauté entre tes mains,
La dernière image qu'ils ont de moi c'est les condés,

Celle qu'on croit aussi maintenant, tout semble faux, le monde s'est arrêté de tourner
Un amour de plus de vingt ans qui commence à peine à pourrir,
Je ne sais pas quoi dire,
Tu dois être belle, radieuse, moins floue au passé,
Tes yeux émeraude scintillant plus que jamais,
Un ange est à tes côtés il a remplacé le vautour du cœur
Peut-être qu'il ne t'avoue rien pour ne pas refermer ton cœur,
Et tu les débarrasses de leur fardeau d'enfants
Tu es vivante, tu les soulages du poids de ta peine d'avant,
Moi, j'fume une clope, une de ces bonnes vieilles roulées,
Et j'fais claquer ma langue sur mon palais,
Et j'dis en pensant à mes gosses que je serai toujours là pour m'occuper de leur mère
Que même là, comme son ange, peu importe la manière
Le plus important est que tu sois heureuse et souriante
Moi, je pense, je pense encore avec ma tête tremblante

LE CHARIOT

Je pousse mon chariot
Tous les jours je pousse mon chariot
C'est pas un travail un grand labeur,
Mais un boulot qui me met de bonne humeur
QH 3-2 est son matricule
Permettant dans la coursive sa libre circulation
Rempli tous les jours de denrées victuailles
Dans ma tâche et de nourrir les entrailles
Je pousse mon chariot
Je pousse mon chariot
J'ai mis un petit moment pour me faire accepter,
Car tel un étranger je venais d'un autre palier
Évidemment c'est pas tous les jours si facile
Soumis à une carte restrictive qui n'est pas celle d'un restaurant
À menu unique le choix ne s'avère pas si difficile
D'autant que les proportions se doivent d'être respectées scrupuleusement
Je pousse mon chariot
J'ai appris derrière mon chariot
J'ai appris qu'on était tous différents et qu'on respirait le même air
Mon texte n'est que ce que j'ressens j'ferai pas du Voltaire
Midi et soir derrière chaque porte

Je découvre des hommes qui attendent, qui attendent que le temps les porte
Je pousse le chariot
Je découvre derrière mon chariot
Au-delà de l'aspect essentiel qu'est la nutrition
J'ai découvert un côté humain dans cette distribution
J'ai découvert un monde cosmopolite
Oui si on ne parle pas de politique
Derrière chaque porte entrouverte
Il y a une région un monde qui se reflète
Derrière chaque porte de ces cellules
On ne trouve que le reflet de celui qui est dans sa bulle
Des personnes toutes différentes
Aux joies, aux peines, terriblement changeantes,
Car ici l'existence est fragile
Et qu'on est tous suspendus à un fil
Soumis et tenus par une nouvelle
Qui peut te terrasser encore ou te transporter pour une nuit belle
Je pousse mon chariot
Parfois il s'arrête mon chariot
Pour une parole, un rire, un geste, un mot
Parce que c'est pas une cage qui fait de nous des animaux
Et pour certains le temps de la gamelle
Fait partie d'un moment de la journée essentiel et existentiel
J'ai découvert des religions et des coutumes
Appris que le monde était fait de joie et d'amertume
À une cellule voisine on fait face à des mondes opposés
Côtoyant abondance et générosité
Entraide et complexité
Misère et humanité
Je pense connaître à présent vos goûts et vos humeurs à peu près bien,

Mais moi aussi j'ai mes joies et mes peines on est tous des humains
Je pousse mon chariot
Comme on pousse tous notre fardeau
Vous êtes pas faciles les gens du QH 3 - 2,
Mais ça va, j'suis bien parmi eux,
Car je sais que derrière chaque porte
Il y a une part d'humanité, qu'on est aussi différents comme toute autre
Que si on est là c'est pas par choix
Qu'on aurait envie de tout imposer parfois
Alors quand repart le chariot vide du garde-manger
Il est encore des fois bien chargé
De ce que j'ai pu entendre, voir, découvrir, ressentir,
Et moi aussi quand je pars mon humeur peut rebondir
C'est peut-être un texte qui va vous faire sourire,
Mais c'est ce que je ressens quand je vous livre
Si j'écris aujourd'hui c'est parce que je trouvais ça naturel
De partager avec vous nos repas de la joie et parfois de nos peines
La douleur, la colère, la galère
Ne sont que passagères
On les passera tous un jour ces putains de barreaux
Et la vie, on la bouffera au resto !

Doc

Faites vite toubib, c'est ma tête qui résonne
Faites vite Doc, les coups sont à l'intérieur, ça cogne
C'est une déflagration là-dedans, ça part en vrille, ça s'meurt
Infernale, dévastatrice la douleur
Vite Doc le cœur s'en mêle il est déboussolé
Chute, perte, tension, surtension, enfermée
Elle s'était roulée autour de mon esprit
Enroulé avec une eau pas de vie
Des restes, des miettes de bric et de broc
J'ai rassemblé mes morceaux après tous ces chocs
Je marchais, car quelque chose en moi ne voulait pas mourir
Quelque chose de plus fort que tout, de bien pire
J'avance, je respire, je souffle, j'ouvre un peu les yeux
J'aime cette solitude du soir, penser, réfléchir dans les cieux,
Mais tout se mélange dans ma tête, c'est encore la confusion la plus complète
Il aurait fallu pour comprendre s'immerger, s'enfuir pour voir au fond de mon être
Qu'est-ce que je l'aimais bordel, elle ne sait pas ce qui s'est passé
Je ne peux l'oublier, je pense, je repense, je ne peux l'oublier
Les jours, les mois passent, déjà l'an et demi et la vie continue,
Mais il y aura toujours ce passé, ces années et ces faits, fête en tête à cul

J'ai refermé des cicatrices, mais cette plaie reste ouverte
J'pense toujours à elle, à refaire l'histoire, à chercher des restes
Comment mon existence a pu devenir aussi déserte ?
La boule au ventre, les larmes aux yeux, c'est elle que je vois dans cette tempête
Doc, vite, c'est le cœur à présent qui bat la chamade
Faut l'soigner j'ai déjà été assez malade !
Une parole donnée on peut pas la reprendre
Croix de bois croix de fer c'est ce que j'avais cru comprendre
On s'l'était juré, pas craché, mais à notre manière
C'est ce qu'on s'était dit dans un bain d'hiver
Puis on s'était même déguisés un jour pour voir un sacré père
P't'être qu'on n'aurait pas dû se promettre ou faire des prières
Doc vite ça m'traverse et ça m'brûle le cœur
Y prend la poudre d'escampette, saperlipopette, Docteur !
Pourquoi j'écris ? pourquoi faire ? personne me suit !!
Ben pour pouvoir encore jouer au docteur pardi !!
Si seulement elle avait voulu me faire une ordonnance
J'suis sûr que ça aurait roulé avec une consultation et un peu de patience
Toc toc toc
Je peux entrer Doc ?

Demain

J'regarde un peu la télévision, j'préfère mon imagination
j'écris j'invente des histoires
J'manque pas trop d'idées je suis libre dans ma tête, c'est comme ça tous les soirs
Je suis au bout de ma peine, je ne suis pas au bout de mes peines
Je dois m'en aller, je dois quitter cette prison, briser encore des chaînes
C'est demain
Le jour c'est demain
Mes deux petits bras ne seront pas chargés, j'emporte le strict nécessaire
Je retiens pas mes larmes, j'en ai pas, mais j'ai passé d'énormes moments ici
J'avoue avoir mal au cœur et peur de ce qui m'attend derrière, la vie
J'ai eu de la patience durant ces mois, patienter c'est aussi espérer
Rester optimiste malgré tout et croire que tout va s'arranger
Malgré les mauvais coups du sort, cette maladie, cette séparation, je ne peux croire un meilleur avenir
J'peux plus, je dois plus lâcher prise maintenant et me faire emporter une nouvelle fois serait pire
C'est demain
Le jour c'est demain

Huit mois que ma vie est dirigée, c'est long et pourtant c'est comme si c'était hier !
Un accouchement en quelque sorte sous surveillance, j'veux pas revenir en arrière
C'est demain
Tout ira mieux demain
Cette formule, je me la suis répétée souvent pour avoir du courage, j'aimerais qu'elle soit magique et qu'elle se réalise vraiment
Demain matin, je me réveillerai et tout ira mieux, il fera beau, rien ne sera comme maintenant
Des images plein la tête, il sera temps de quitter cette fois ce lieu si particulier
Des souvenirs, des choses bonnes ou mauvaises des rencontres, jamais je ne pourrais oublier.

28 octobre 2018

LE BAL

Au village des oubliés quand on danse au bal ce n'est pas du tango ou du funk plutôt du pogo et des slows particuliers
Les danses traditionnelles qui couronnent le bal sont bien souvent d'un rythme endiablé
Les participants restent peu enlacés, entre des bras et des pieds qui se lèvent, des mains qui se croisent il y a peu de conversation
Le bal de la promenade où les mains s'agrippent pour faire du corps à corps jusqu'à la fin de la partition
Quelques secondes d'intimité en quelque sorte, au bal des oubliés, le temps de souffrir
Pas besoin d'invitation, juste des regards de silence où le temps s'improvise pas de place ou sourire
Les instruments s'accordent et les premières notes de ces danses se font entendre par un temps cadencé
Pas de couplet, souvent le même refrain, l'un des cavaliers tentant de se dégager avant de finir au parquet
Quand les violons que sont les cris et les sifflements cessent, il reste à mettre la note
Le jury isole les concurrents avec une agilité déconcertante en tapant des bottes sur un air de menottes
Le bal des oubliés, rapidement terminé, d'un pas dégagé, tout le monde se remet à tourner
Pas besoin de musicos pour cette chorégraphie, les couples sont assez agités

Je n'ai pas les mêmes goûts en matière de danse, je préfère celle avec beaucoup de féminité
Une danse où les filles et les garçons se tournent autour en faisant semblant de ne pas se regarder
Un bal qui se termine dans le silence, l'un contre l'autre, le nez dans le ciel avec au loin le bruit d'un grillon chanteur
Serrés comme si on avait froid en attendant que quelque chose apparaisse dans cette nuitée sans lueur
Le bal des danseuses étoilées qui courent dans le ciel, la ronde des amoureux promis
Des étoiles attachées par un fil qui s'brise pour tomber dans le fond de leur vie
Ce ne sont pas de simples étoiles filantes car celles-ci sont vivantes et remplies de bonheur
Elles filent et ne retombent nulle part, elles restent dans le cœur

ELLE

Depuis que je suis rentré c'est la première fois que j'ai tant peur, que mon stylo me fait peur
Je vais être confronté à la liberté dans quelques jours et je me donne des sueurs
Quand !!!! Je dors pas bien, je pense, mon cœur bat fort
Pourtant, j'suis déjà libre en moi, j'ai retrouvé toutes les fonctions de mon corps
Peut-être vivrai-je encore une histoire d'amour, je suis sur terre pour ça
La solitude me va un moment mais je la préfère à deux, c'est plus sympa
Je rêve d'une femme que j'aurais rencontrée sur le port, elle est belle, châtain
Elle voudrait partir, mais pas loin, juste avancer ensemble, qu'on se prenne pas la tête, juste les mains
Elle est là, l'énergie dans l'amour, faut s'en remplir les poumons, le cœur c'est la force
J'vais y mettre un contact dessus, j'ai des relations maintenant, je connais le milieu corse
Mon cœur ne s'est pas calmé, mes yeux veulent être éblouis, mes mains en veulent d'autres à tenir
La dépression l'alcool m'ont cramé mais j'ai pas brûlé mes rêves et mon avenir
Une main dans la mienne pour me guider, pour m'annoncer la marche

Pour faire entrer les lumières chaque matin, la lune chaque nuit mais sans plus jamais d'arches
S'aimer simplement, les yeux dans les yeux et lever ce métal dans les miens qui s'est déposé
Une légère odeur d'amour en écrivant et déjà j'arrive à faire écrouler ces murs de barbelés
J'vais tourner une nouvelle page, j'espère poser ma tête et mes feuilles sur des draps de sueur
Ces mots ne seront plus les mêmes, ils viendront peut-être construire un château de bonheur
J'espère que cette femme à laquelle je rêve n'existe pas que dans mes songes d'égarement
À force d'y penser, de désirs, de détresse, d'appels elle doit se créer en m'attendant
Une femme avec de vrais yeux, une vraie peau, des mots à elle
Pas des mots que j'invente pour éloigner ma solitude, des mots charnels, réels
Mais comment se reconnaîtra-t-elle puisqu'elle ne m'a jamais vu et que c'est moi qui me la suis inventée ?
Je me dis que chaque jour, je me rapproche d'elle, j'espère juste que ce que j'espère sera une réalité
Alors jusqu'au jour de ma libération, je laisse les lèvres emporter mes désirs et j'continue à écrire
Après j'irai marcher sur cette terre, là-bas, jusqu'à l'horizon pour la découvrir

25 octobre 2018

ABSENCE

Du temps perdu ? du temps gagné ? une étape ? une épreuve ? un destin ?
Un voyage ? une parenthèse ? une convalescence ? un reset, un besoin ?
C'est maintenant que j'ose dire que ça a presque passé vite même si je n'attendais que ces moments
Quatre comme mes enfants, quatre les derniers soirs, sentiment bizarre entre nostalgie et <u>précipitement</u>
Tout ça va disparaître ces mois vont presque s'effacer que restera-t-il comme souvenirs ?
C'est bien d'apprécier, de vouloir en somme prolonger, mais il y a une vie à reconstruire
J'pourrais pas passer ces pages de cette vie comme on passe les pages d'une banale histoire
Dans ce livre la princesse avait comme une kalach dans les mains quand j'étais dans le coltar
La seule chose qui fait mal c'est même pas les armes, la violence, la haine qui ne sont que du décor pour la scène de l'absence
Bien sûr qu'il y a eu des circonstances aggravantes, mais ça c'est pour les procès où on ne compte pas le mal de l'inconscience
On ne compte pas non plus les larmes qu'on sèche pas sur des manches
On compte pas les cris dans la nuit seul quand la tête flanche

En attendant c'est moi qui ai essayé de recoller ce puzzle et il me manque des morceaux
L'absence, j'en ai marre de lire la présence de mes gosses dans ma tête, j'veux les sentir dans mon cœur, mon sang, au chaud
On reviendra jamais à notre vie d'avant
Mais j'peux pas reconstruire une vie sans voir mes enfants
Bien sûr que notre vie n'arrête pas encore de défiler devant mes yeux, j'ai l'impression qu'il y a que celle-là qui a existé
Mais les moments les plus beaux ne sont pas ceux des photos, c'est ceux où on a pris le temps de s'aimer
Les moments les plus insignifiants où y a rien à montrer, rien à raconter
Ce sont ceux qui sont dans ma mémoire les plus beaux pour leur simplicité
Je ne répondrai jamais à la haine par la colère, ce serait faire ce qu'elle a fait, de l'ignorance
J'ai sacrifié ma liberté par amour, mais j'ferai pas ce cadeau de haïr, j'veux juste voir mes quatre espérances
Joueur, je jouerai encore
Pour mes gosses, quitte à y laisser mon corps
Bien sûr que je suis dévasté encore par le chagrin, mais je lui laisse sa victoire
Elle sera de courte durée et mon cœur est plus fort que tous ces avocats et juges tocards
La vie continue bien sûr mais les barrières tombent parfois ils font apparaître ce trou béant de ma vie
Le trou ne se referme pas comme ça, pas celui-là et c'est pas des images en remblais qui combleront ces absences d'insomnies
Je ne saurai pas où je vais, comment je m'y rends, mais j'veux pas y aller sans mes enfants

J'saurai très bien que du jour au lendemain, j'peux me noyer,
ils sont mes surveillants

26 octobre 2018

AMNÉSIE

Où sont passés mes rêves d'autrefois ?
Les reverrai-je un jour au moins une fois
Je ne me souviens plus bien qui j'étais
Dans ma tête tout s'est effacé
Je suis désormais dans ce manoir à barreaux
Entre quatre murs je me la joue en solo
Ma mémoire perturbe mes courtes nuitées
Quand je me réveille, je me crois dans mon lit
Je ne me souviens plus de cette odeur
Qui le matin m'apportait tant de bonheur
Ici ça sent la mauvaise fumée
Dont tes habits restent imprégnés
Quelques bribes remontent à ma mémoire
Juste pour me rappeler qu'il est trop tard
Des images du passé souvent entrecoupées
Comme un vieux film qu'on projetterait
Il me paraît loin le temps où j'étais heureux
Je ne me souviens pas d'avoir été aussi chanceux
Maintenant je me trouve jugé pour avoir aimé
Quelqu'un que j'ai l'impression n'avoir jamais rencontré
Cette personne paraît-il qu'elle m'aimait
Je ne vois pas de qui vous parlez
Si c'est celle qui m'a fait tomber
Je crois qu'elle s'est trompée
Moi, insoucieux, inconscient, j'ai cru en l'amour

Je ne sais plus ce qui me guidait, mais j'étais à la barre
Il fallait que je fasse vite pour lui dire ce que je ressentais
Lui expliquer qu'elle s'était trompée pour essayer de la garder, mais elle s'en est allée
J'ai pas l'impression d'avoir été odieux
Ni envers cette personne ni avec Cupidon mon dieu
Peut-être un tour de ma mémoire encore,
Mais il me semble que mes actes étaient forts
Je cherchais juste à montrer que dans ma tête tout était embrouillé
Un amas de nœuds tout emmêlé, pas moyen d'arriver seul à les démêler
Je me souviens un peu de ma piètre vie
Que j'ai gâchée en y mettant le prix
Touchant du doigt ce flacon pour fuir cette situation
Flacon d'ivresse, de faiblesse, mais surtout de tristesse
Dépression de m…. qui m'a plongé dans cette détresse
Contenant, contenir, c'est le contenant qui contenait ma dépression
Pour pas parler, pas me l'avouer, par peur de déranger
Par obligation ou soumission j'ai voulu l'oublier
Maintenant j'ai envie de la retrouver cette putain de mémoire
Revoir le film de notre histoire
Pour cela il faut que je me souvienne
Que les mots ne soient plus les mêmes
Dire la vérité, ce que je suis, ce que j'étais, ce que j'ai passé
Pour un jour peut-être me sentir enfin apaisé
De là je réécrirai ma mémoire
Afin de vivre avec un nouvel espoir

LA CARTE

Je vais passer pour un illuminé, un rêveur ou un penseur un de ces quatre matins,
Mais j'ai des tic-tac plein la tête alors je les grave comme ça sur ce « parchemin »
Si tu me lis, et que tu en prends le temps, ne me prends pas pour un fou
Bien que, à vrai dire, je sais même pas si mes pensées ne sont pas floues
Bref, ce matin j'ai reçu une carte d'anniversaire de mon beauf et ma sœurette
Et je me suis posé le parallèle avec la technologie
C'est sûrement dû encore aux conditions de ma détention, de ce que je vis,
Mais encore, une fois de plus, je constate et prends conscience de l'importance des mots textes et lettres
Bien au-delà de faire le procès de la technologie qui s'avère fort utile et essentielle
Je trouve que ça devient de plus en plus impersonnel
Ce monde est devenu de plus en plus étroit en s'élargissant et surtout, virtuel
On a raccourci les distances, apprivoisé l'espace et le temps est devenu intemporel
On comprime les messages comme les émotions
Et tout n'est que profusion
Si on ouvre les yeux qu'on réfléchit un peu on est dans la matrice

Je dis pas ça parce que je suis fan de Néo mais, mais on suit tous cette ligne directrice
À coups de messageries, de Facebook, tweet, snap, SMS, hashtag et autres
On lève un pouce en l'air, on like, on partage sans connaître l'autre
On ne vit que du provisoire, tout est éphémère, instantané
C'est un tumulte et un vacarme de profusion d'informations télescopées
Notre cerveau, notre mémoire en deviennent vite saturés, brouillés, confus, on oublie très vite
On devient amnésique de ce qu'on a vu quelques instants avant, on efface d'un simple clic,
On devient amnésique du temps d'avant
Demandez ce qu'est une déclaration d'amour sincère, une simple lettre à vos enfants !
On devient amnésique et vide de sensations, de caresses, de goûts et senteurs des mots
On pourrait pour certaines occasions prendre le temps de se réincarner en stylo
Réapprendre à écrire à transmettre par les mots des émotions, de la joie, des regrets, de la gaieté
Retrouver l'application à s'écrire, retrouver l'odeur de l'encre et du papier
Perso, je trouve qu'on s'appauvrit les vrais rapports humains
On peut redécouvrir cet antidote à ce poison du grand vide
Les mots les lettres les écrits le papier sont si beaux et limpides
Bref j'ai reçu une carte ! tout ça pour une carte ! mais une carte qui m'a fait du bien
C'est ce que j'ai senti en l'ouvrant
C'est ce que j'ai ressenti en la lisant

RÊVE

Il est encore tôt trop tôt
Je viens de me réveiller en sursaut
J'ai rêvé cette nuit de toi et moi
Lors d'une balade on devait traverser un précipice profond étroit lointain
Il y avait une corde installée pour relier les deux points
Il fallait s'y déplacer à la force des poignets et des mains
Très difficile pour moi, je m'aidais d'un pied suspendu à ce filin
Deux mains et un pied
Sous l'œil médusé des enfants
J'y parvins difficilement
Toi tu avais inventé un système pour franchir ce gouffre, assise aisément

Sous l'œil admiratif des enfants
On se retrouvait, moi au péril de mille acrobaties
Toi tranquille sans soucis
Et on repartait sur ce chemin
Main dans la main

Mise à part la fin c'est bien ce qui s'est passé
Tu m'as laissé me démerder avec ma *****
Quitte à tomber encore alors que toi à côté tu pavanais
Tu étais belle, tranquille, admirable, c'est notre vie !!

29 août 2018

COMME L'ARBRE

Issue d'une graine féconde je suis la plantule
Germée dans ce mélange je ne suis que minuscule
Me développant lentement mais sûrement j'ai pointé ma tige fébrilement
Pour sortir enfin le premier Bourgeon de mon développement
Encore fragile frêle je découvre cette forêt peuplée
Des espèces si différentes je vis ici dans cette contrée
Grandissant au fil du temps j'apprends en regardant
Grandissant au fil du vent j'apprends en appliquant
Me nourrissant de cette terre riche et de cet air
En buvant l'eau que le ciel m'offre quand il le considère
Je carbure à la chlorophylle fruit de ma synthèse
Mon tronc se développe simplement mes charpentes se forment
J'offre un beau feuillage à qui cherche l'ombre de moi le mélèze
Mélèze que je suis à tous ces ormes
Suis-je dans cette forêt l'intrus au bois tortueux
Suis-je dans cette colline l'intrus au bois trop noueux
Poussés par le vent, nos étamines et nos pistils se sont croisés
Emportés par ce souffle d'amour nous avons fécondé
D'une manière naturelle
Surtout pas artificielle
D'une matière symbolique

Surtout pas génétique
Et de ce croisement de nos espèces sont né, quatre fruits venus
Quatre fruits magnifiques et bien charnus
Que nous nous devons de garder sur nos branches jusqu'à maturité
Afin qu'eux aussi puissent un jour se faire goûter,
Mais moi j'avais trop subi d'attaques extérieures et de ravageurs
Je commençais à voir les signes à l'intérieur
J'en perdais mes feuilles qui se sont étiolées
J'avais du mal à respirer
Mon écorce était trop abîmée trop marquée
Des parties commençaient à s'en détacher
Des charpentes ont fini par craquer
Je n'arrivais plus à me développer
Ni même à cicatriser j'aurais voulu me faire élaguer pour me renforcer,
Mais même le cicatrisant que l'on m'appliquait n'avait aucun effet
Alors j'ai voulu me soigner en éjectant un produit systémique
Produit véhiculé par la sève jusqu'aux racines que je prenais pour magique,
Mais je ne pouvais plus résister il fallait que j'allège le poids de mes feuilles
Pour arriver enfin à faire de ce mélèze un tilleul,
Car à travers mon apparence de chêne
Je n'étais en fait qu'un frêne
Et j'ai perdu mon houppier
Ma sève était obstruée
J'étais tellement attaqué, rongé de l'Intérieur par ces parasites destructeurs

Qu'un pesticide n'aurait pas suffi même avec un pulvérisateur
Non j'avais juste besoin de me faire tuteurer
Me haubaner afin de pouvoir me redresser
Il me fallait peut-être toi comme jardinier
Pour prendre soin de moi et m'aider à repousser
Retrouver ce qui constituait ma base, mes racines, mon collet
M'ancrer plus profondément dans ce sol afin d'y puiser plus de dignité,
Mais tu as choisi un autre jardin
Pour cultiver ton futur destin
J'voulais continuer à pousser
J'vais finir en bois de cheminée !

De l'ombre à la lumière

Je peux pas dire qu'il y ait une attente, un désir, ça marque plus l'accomplissement
Le programme qui m'attend n'a rien d'extraordinaire, mais je vois plus clair maintenant
Il me semble que ce n'était pas vraiment ma priorité mon but n'était pas ma propre liberté
Quelles que soient les conditions plus ou moins confortables c'est la libération du mental qui a fait
Même si le pas sera pressé, ce sera comme une fausse délivrance,
Car il y a une autre satisfaction profonde et cachée dans ce corps en résonnance
Tout s'accélère, là où je voudrais suspendre le temps pour l'apprécier
Bien sûr, le meilleur est à venir, mais putain cette taule elle a eu un putain d'effet
Constater, dire les choses, d'autres choses, dire que tout est possible ici
Pas un miracle, une lumière au loin, non juste un état d'esprit
Avant il y avait cet état de délabrement, d'abandon comme de la peinture qui s'effrite sans couleur
Maintenant j'trouve que l'ensemble a peut-être su accrocher au passage des bacs à fleurs
J'espère qu'elles vont continuer à fleurir en toute liberté,
Mais pour ça il me faut la main pour guider celle du jardinier

De l'ombre au soleil il restera les couleurs muraille
Je ne veux pas de pitié ni de compassion, mais elle restera dans mes entrailles
Je profiterai de l'instant présent, mais je sais que ma démarche dira le contraire
À quelques mètres je quitterai ce campement enfin je sortirai du pénitentiaire
La frontière, celle de l'odeur aussi, celle qui restera dans ma mémoire
Même si ça m'a fait du bien psychologiquement l'odeur je veux plus l'avoir
Cette porte qui va se refermer, que je ne pourrais même pas claquer, je ne veux pas l'oublier
Ce mécanisme lourd de serrurier pénétrant l'intimité, rythmant la vie de prisonnier
De l'ombre au soleil, pourquoi étais-je parti pour me sentir si bien en sortant ?
Passer de grilles en grilles, de sas en sas, de fouilles en fouilles, lentement
La serrure va se laisser faire, ça sentira pas forcément bon, mais ça sentira la liberté
Cette clé ne tournera pas dans le même sens que les autres jours, le monde tient à cette clé
Oui je vais enfin me sentir vrai, mais j'apprécie ce qui devient de jour en jour plus infime,
Je veux tout relâcher, mais j'ai toujours dans la tête mon état cérébral d'infirme
Plus rien ne peut me faire mal puisque tout m'a fait mal
Je me dis quand même que la vie est belle, paradoxale !
J'ai quitté ma vie pour être emprisonné et je suis parvenu à m'évader pour la retrouver
Ce que j'aurais dû faire avant, mais j'avais pas le pouvoir de la toucher

De l'ombre au soleil, un malheur pour un bien
Ne pas renoncer, pas même à l'espoir, à rien
De l'ombre à la lumière, ce chemin d'asphalte vers mon simple désir droit de passage, plus d'emprise
De l'ombre à la lumière, la frontière entre deux espaces que je maîtrise à ma guise
De l'ombre à la lumière, aller à l'infini sur la route de la liberté, apprécier, se retourner parfois
De l'ombre à la lumière avec des souvenirs en sacs et dans la tête en sachant qu'on est attendu être au cœur de soi

17 octobre 2018

La Plainte

Ce matin j'ai poussé la porte d'un sinistre commissariat de quartier
J'étais obligé de m'y rendre même si j'en suis pas intime du tout avec l'autorité
J'y suis allé pour déposer une main courante et remplir les papiers,
Car on s'est introduit chez moi pour me voler
Je n'ai pas vu sur le coup, c'est au réveil que je me suis aperçu du méfait
Il faut dire que je dormais depuis profondément trop fatigué
Sans tarder les agents de la police scientifique sont venus sur les lieux de ma mémoire
Mon témoignage étant vague il cherchait à refaire le mode opératoire
Ce n'est pas agréable de procéder à une reconstitution des faits
Surtout quand comme moi on est resté marqué
Oui, on s'était introduit chez moi, il n'y avait pas trop à chercher
Trop d'empreintes de traces sans gants, avaient été dissimulées
L'effraction était constatée
Les dégâts photographiés
L'agent me demanda alors si j'étais bien assuré

Oui j'avais une assurance habitation responsabilité civile, mais je ne savais pas si elle couvrait
L'officier me demanda la liste de ce qu'avait dérobé le voleur
Je lui ai répondu : mon cœur
Il me conseilla de déposer une vraie plainte, car il disposait des empreintes et de l'ADN
Je lui ai répondu que je connaissais en fait l'auteur des faits et que ce n'était plus la peine
J'en ai un double, bien que ce ne soit pas le même,
Car cette voleuse, je l'aime

        Inspiré d'un passage du livre « Ensemble c'est tout »
        d'Anna Gavalda
        26 août 2018

LES OISEAUX

Quel est cet immense bâtiment
Avec autant de compartiments
J'aperçois à l'intérieur de drôles d'oiseaux
Qui chantent le verbe haut
Tous comme sur un fil, alignés,
Mais sans proximité,
Ils chantent,
Mais point ne dansent
Leur a-t-on coupé les ailes
Dans le but de les apprivoiser
Afin de les observer
En les nourrissant d'une gamelle
Drôle d'endroit que cette volière
Elle n'est même pas à ciel ouvert
Comment prendre son envol
Sans ailes pour qu'ils décollent
Les mailles des filets grillagés
Sont très finement tressées
Que même les vautours
S'évertuent à n'en faire que le contour
Drôles d'oiseaux aux espèces variées
Qui ne peuvent le ciel toucher
Seraient-ils rendus à l'état de vermisseaux ?
Ayant fui d'autres oiseaux
Au plumage d'un Phénix

À l'envergure de la Justice
Serait-ce l'oiseau-lyre
Juge cela va sans dire
Procureur et avocat
Corbeau au corps gras !

ENVIE DE VIE

Bonjour ! Bonjour la vie !
J't'avais pas oubliée, tu te souviens on fut un temps amis
T'as vu, j'étais perdu, tu peux m'aider ?
J'ai erré pendant des années à chercher
Je cherchais quelque chose, mais je ne savais pas ce que c'était ce que j'étais
Disparu, enlevé, on me l'avait kidnappé
Je cherchais quelque chose c'était hier,
Mais j'avais des problèmes en moi, une panne sévère
J'ai pas fait attention au trop fort courant dans ma tête
Qui m'a emporté en laissant mon cerveau à la diète
Ça m'a rendu de l'Intérieur gravement malade
Et j'étais seul dans cette panade
Pourtant j'aurais voulu de l'aide pour lutter contre cette vilaine
Me jugeant à défaut, on m'a placé en quarantaine
Pensant que j'étais dépendant de notre souci
J'étais devenu à leurs yeux l'anomalie
Ça devenait il est vrai, pour nous tous, une folie,
Mais ils ne m'ont jamais compris
On m'a juste dit d'aller faire un petit tour
Pour qu'ils puissent enfin, eux, voir le jour
Dis-moi, la vie, c'est pas fini ?
Aide-moi à la retrouver cette envie
Il faut que je retrouve cet itinéraire

J'en ai marre d'être en galère
J'vais pas rester dans mes tuyaux
Perdu dans mon cerveau
Aide-moi à trouver la sortie
Face à cette putain de maladie
Je suis pas perdu hein ? j'me suis égaré ?
Aide-moi à me rassembler et à me guider
On n'aura pas besoin de GPS
Faut juste que je quitte cette détresse
Tu sais la vie, fais ça pour moi
Tu sais l'envie, t'es pas si loin que ça
Je me bats pour me retrouver enfin
Parce que j'ai failli en mourir de faim
Je me suis trop privé
Que je m'en aurais presque l'envie de vous dévorer
Tu vois enfin je souris un peu
Je fais plus semblant, c'est plus un jeu
Les grands voyages seul c'est terminé
Maintenant vous allez m'accompagner
J'ai assez dérivé entre deux eaux
Il faut que maintenant ce soit beau
Je vois enfin une lumière
Qui enfin m'éclaire
On se fait notre plan B
Celui où on est où on doit hésiter
Cette fois-ci on ne déconne pas
On se tient par les bras
Unis pour toujours
Je veux plus de sorties de secours
Salut la vie, j'suis là !
Salut l'envie, on y va !

À L'ENCRE NOIRE

Faut que j'arrête de courir dans cette cellule, j'm'adosse au mur le souffle saccadé
J'inspire, j'expire, impossible d'avancer
Je devrais pas être derrière, de ce côté des grilles mais j'm'en fous j'ai plus rien
Mon corps tourne à vide encore de manière mécanique, c'est encore un jour sans fin
L'air que j'avale ne se loge nulle part ça me laisse dans la bouche un goût saturé de poussière
Autour de moi c'est le monde entier qui me semble ralentir avec tous ces fers
Dans ma poitrine ça cogne de plus en plus fort, je me fige tout net
J'attends avant de respirer à nouveau comme pour sortir hors de l'eau la tête
Comment rester assis sagement à écrire alors que je voudrais passer mon temps à crier
À l'intérieur c'est encore un enchevêtrement, tout est noué
Si je baisse ma garde quelques secondes je repense à mes enfants
Si je baisse ma garde quelques instants je repense à nos moments
Alors je me referme et j'essaye de garder ma forme solide en luttant

Et ce stylo écrase plus fort son encre noire contre ce papier blanc
Il ne me reste plus que la colère contre cette vie et contre moi
Et c'est la peine qui vient enterrer ensuite les dégâts
Dans mon ventre, comme chaque soir c'est une boule qui a pris toute la place comme un intrus
Et comme chaque soir une nouvelle fois c'est comme si je ne respirais plus
Mes doigts se serrent sur le manche de ce stylo
Sous cette encre noire il ne reste plus les fleurs des jours si beaux
Ni les rires des enfants dans une journée, nos instants à tous de complicité
Ni notre famille dans les sourires et la joie qui me semblaient à jamais figés
Sous cette encre noire il y a de l'incompréhension, des mensonges, un amour devenu un carnage, un immense conflit
Sous cette encre noire il n'y a que des images qui ont dégénéré, un bombardement, un souvenir engourdi
Les larmes sont un outil précieux quand on les utilise au bon moment
Je tourne la tête, je ne les contrôle plus, elles me gênent mais ça vient du dedans
Ma solitude m'apprend à me connaître et ces papiers évacuent ma merde
Comme une sorte de langage de mots pour ne pas qu'ils se perdent
La solitude c'est des vides de blanc, des trous et surtout des manques
La solitude ça peut être aussi l'inverse et là dans la tête tu banques !

Tous ces vides immenses qui n'attendent pourtant qu'à se remplir et par lesquels tout serait bon pour l'avenir
Cet avenir qui me paraît si loin encore sur cette planète du pire où je ne me vois jamais partir
Je me souviens comment c'était facile de tenir tête à la vie mais je n'en pouvais plus
La peine a pris corps ce soir, je me nourris de chaque respiration, de chaque mot, même imprévu
Des images, des souvenirs se pressent dans ma bouche pour se cracher
Mais je n'ai pas assez de place ici et personne pour m'aider à expulser
Fini de jouer avec les mots !
Fini de pleurer seul comme un idiot !
Je lui en veux car cette douleur existait et n'était pas supportable
Rien ne l'apaisait et seul j'en étais incapable
Je suis encore seul à présent, comme avant avec cette colère
Comme un rebond à l'intérieur qui cogne, qui cogne, lourd comme une pierre
Ce malaise, ce mal être avait fini par enfanter un monstre autour de moi
Et à l'intérieur des pensées qui entretenaient le vacarme sans que rien ne se voit
Je me taisais, je gérais au compte-gouttes
Jusqu'à l'implosion et le renforcement de certains doutes
En moi les silences avaient élaboré une propre phonétique intérieurement inutile
Mon mutisme avait donné lieu à une orthographe et une grammaire stérile
Je lui en veux car je ne voulais pas écrire à l'encre noire
J'préfère les couleurs, le dessin à toutes ces putains d'histoires

Ce qu'il y a de plus important dans ces accumulations de phrases qui en font une sorte de texte
C'est comme ce qu'elle n'a pas vu non plus avant, c'est le contexte
C'est important le contexte pour une simple phrase quand on y pense
Sortie de son contexte, elle perd ou change son sens
Remettre toute cette histoire dans le vrai contexte d'une dépression carabinée
Reviendrait à juger de façon cohérente mon état sans le condamner
Mais elle n'a pas lu l'urgence qu'il y avait dans mes yeux
Et moi je ne voulais pas l'admettre pourtant si malheureux
Comme plus rien n'effacera ce passé ou ne réécrira cette triste histoire
J'écrirai encore longtemps, très longtemps, trop longtemps à cette encre noire

21 septembre 2018

À MES GOSSES

Fatigué tous les jours de devoir trouver encore ce courage
J'suis exténué, rompu à errer dans mes pensées en cage
J'aimerais revenir un instant en arrière dans le temps
Non pas pour me retrouver près de cette belle Tzigane
Lisant son avenir dans le creux de mon âme
Pour voir quand la vie avait choisi ce basculement
Par quels vrais signes elle a décidé de me malmener
Connaître l'origine de ma destinée
Comment, pourquoi cette dépression s'est injectée progressivement en mon intérieur
Comment je n'ai pas pu déceler mes bugs, mes erreurs, ma douleur
Comment j'ai pu croire que seul je pourrais gérer et faire
Comment, pourquoi je n'ai parlé qu'à des tessons de verre
C'est ma vie qui a basculé
C'est ma vie qui s'est effondrée
Et tout ce qu'elle avait à mes yeux de plus cher
Mes enfants dont je ne serai peut-être plus digne d'être père
Mes enfants qui ont toujours été au centre de mes pensées
Mes enfants à qui on n'explique pas les raisons
Mes enfants qui ne connaissent même pas la définition du mot dépression
On me répète qu'avec le temps
On me dit qu'il faut laisser faire le temps

Mais je n'ai plus la force encore et encore de devoir courber l'échine
Je suis juste quelqu'un d'humain, je ne suis pas une machine
Je ne suis pas honteux de ce que j'ai fait
Indirectement, maladroitement je n'attendais qu'une bouée
J'ai été traumatisé du bocal, je ne veux plus m'en souvenir
Mais mes enfants je ne veux pas qu'ils ne soient que souvenirs
Voir la décadence, la chute, la merde
D'un père qui se réfugie dans une bouteille pour se perdre
C'est pas pour des gosses
Mais j'm'en brosse
J'm'en brosse parce que leur boss n'a pas expliqué que j'avais mal à la caboche
J'm'en brosse parce qu'elle a pensé à son carrosse, pauvre cloche
J'm'en brosse parce qu'elle a pensé à son molosse, sale fausse
J'm'en brosse parce qu'elle a menti en faisant tourner la sauce
J'm'en brosse parce que tout ce que j'ai consumé en vie c'est pas gratos
J'm'en brosse pas parce que ce ne sont que des gosses
Alors parle à tes gosses
Dis-leur si tu n'es pas fausse
Et arrête de me casser les os
Parce que c'est aussi mes gosses !

À MES MIOCHES

Comme si j'avais pas assez mal, j'ai relu mes traces de brouillons avant de les coucher
J'ai peut-être pas trouvé les bons mots
Pour vous expliquer la haine et la colère envers moi à vous mes minots
j'ai pleuré en relisant ces mots que je vais assembler, sans doute vais-je encore chialer

Ce soir j'ai pas le super pouvoir de l'espoir
Y a des soirs où l'incertitude te conforte dans l'inquiétude
Où la mémoire et le passé s'invitent à peindre en noir
Comme pour m'injecter encore une piqûre de rappel face à ma solitude
C'est bizarre mais je trouve plus facile à écrire ma souffrance, c'est dû à l'abondance
Café, clope, cendrier, paré pour en faire ordonnance
À croire que mon ordi interne subit encore quelques bugs ou chevaux de Troie
Que le temps me ramènera toujours à cette vision de nous, de toi, de moi, de vous et moi
C'est toujours le même film qui passe et qui repasse dans cette vieille tête de cloche
J'en fais des versions modifiées, améliorées, déformées mais j'suis bien là et pas au cinoche
Quand j'suis comme ça j'me sens doublement enfermé

Et là à cet instant j'ai la gorge serrée
Des barreaux à la fenêtre
Des barreaux dans la tête
J'essaye de penser, de m'imaginer ailleurs
Mais la réalité me ramène vite à mes douleurs
Ma vie a basculé tellement vite que j'ai l'impression d'être placé sur orbite
Tout ça pour une maladie invisible et un poison qui m'a rongé comme rongent les termites
J'étais dans un monde parallèle depuis des années où je m'étais muet
Rien dire, ne rien dévoiler, je m'étais juré un secret à ne pas dévoiler
Invisible de tous en surface
J'essayais de cacher et de soigner par une boisson avec qui je ne faisais plus face
Ouais j'ai tout perdu, ma femme, mes gosses et j'suis en taule
Ouais j'ai tout perdu pour essayer de retrouver et continuer à aimer celle qui me filait la gaule
Mais par-dessus tout c'est mes mioches qui me manquent
Et là je ne peux pas m'empêcher de verser une larme comme une goutte de mon cœur qui plus ne chante
Quelle image du père j'ai pu leur donner ? Que vont-ils en garder ?
J'ai tout fait, toute ma putain d'existence pour ne penser qu'à mes grands bébés
Et j'ai fini par craquer par cette pute de dépression
Je ne dis pas ça parce que je vis une vie qui ne m'était pas destinée
Jamais je n'aurais imaginé un jour être prisonnier pour aimer
Mais quand la tête part en biberon
Tu te raccroches à ce que tu as de bon

Quand ma faiblesse psychologique a fait de moi un être différent
C'est que mon monde je voulais le cacher et j'suis tombé dans cette potion avec excès évidemment
C'est pour ça que je veux pas et que je peux pas m'en excuser
Peut-être que pour vous j'étais l'anomalie, le bâtard, le rejet négatif à dégueuler
J'suis pas fou ni alcoolique, l'épuisement mental m'avait gagné, je pouvais plus rien affronter
J'ai moi-même mis du temps à accepter cette situation
Ce mot, cet état n'était pas pour moi, j'étais inébranlable, fort, courageux
Il porte un nom qu'on m'a annoncé sans ménagement : grosse dépression
C'est le terme qui s'associe à mon état désastreux
À vrai dire je me sentais invulnérable, comme si j'étais immunisé
Ça arrivait aux autres mais pourquoi alors c'est à moi qu'elle s'est attaquée ?
Ça fait des années qu'elle sommeillait plus ou moins à grande échelle en moi
Circulant dans ma tête au gré de mes peines et du peu de joie
Peurs, angoisses, inconfiance, instabilité, culpabilité faisaient partie de ma demeure
Se répandant sournoisement tel un serpent dans mon être qui petit à petit se meurt
Abruti, anéanti, amorphe, je me suis réinjecté une autre souffrance
Pensant effacer les traits du passé, gommer cette vulnérabilité mais c'était néfaste à outrance
Je ne suis pas alcoolique comme j'ai pu l'entendre, l'alcool je n'en suis pas dépendant mais il y a une chose dont je suis tributaire

L'amour que j'ai pour vous et votre mère
Je demande juste de me comprendre et d'arrêter de tirer sur l'ambulance
Car c'est moi qui suis à l'intérieur, j'ai peut-être droit aussi à un peu moins d'ignorance
Souvent dans ce lieu tellement horrible et difficile tu peux tomber dans cette maladie
Moi j'ai passé la porte avec en moi déjà cette saloperie !
De se retrouver là et d'avoir la force de lutter encore et encore sans baisser les bras c'est chaud
Mais je peux plus faire semblant, j'ai le courage et la volonté, j'ai trop vécu dans l'oubli pour retomber encore de haut
J'peux pas vous dire que je vous aime, ces mots sont tellement naturels
J'peux pas vous dire que je vous aime, ces mots sont éternels
C'est une partie de moi que je ne sens plus .
C'est mon cœur sans vous qui est perdu
C'est pas une requête mais s'il vous plaît ne gardez pas que le mauvais
Cet être si négatif ce n'est pas moi, vous le savez
Je ne suis que l'opposé de ce que j'ai pu être et ça c'est con
Je ne suis que l'opposé de cet être caméléon
Comment j'ai pu arriver à une décadence pareille ?
Comment j'ai pu être hypnotisé par une pute de bouteille ?
Comment ma tête s'était mise en sommeil ?
Comment puis-je faire pour qu'avec vous ce soit un p'tit peu pareil ?
Il est tard, encore trop tard peut-être pour écrire
Il est tard mais je n'ai aucune excuse pour avoir été en retard pour vous le dire
Vous dire que je vous aime serait trop facile
Vous le savez, va falloir que je trouve plus subtil

J'veux pas vous mentir, m'excuser, c'est que je trouve pas les mots
Je regarde mon cendrier, ma clope est devenue comme ma vie, un mégot
Elle s'est consumée seule comme je me suis éteint
Elle est partie en fumée comme moi je me suis évaporé de chagrin
Reste plus qu'à l'écraser dans ce cendrier
Attraper une nouvelle feuille, ce bon vieux tabac, rerouler et rallumer
Y tirer une putain de grosse taffe à te perforer les poumons
Expulser cette fumée lentement en savourant ce petit moment d'exaltation
Je sais pas si c'est la fatigue car il est très tard
Mais à travers cette clope, c'est un peu mon histoire
Je fume et j'expulse mon tabagisme comme pour porter mon odeur, ma douleur à votre nez
Je tire et je souffle ce vent d'humeur mais vous êtes tellement éloignés
Vous me manquez mes petits et c'est pas mes poumons qui me font peur
C'est mon cœur
J'arrive pas à vivre ce calvaire sans penser à vous un instant
Je me torture la tête à l'idée de plus retrouver mes enfants
Je ferme les yeux et je vous vois mes quatre beaux petits gars
Je ferme les yeux mais ce n'est plus qu'une image en moi
J'suis peut-être pas digne d'être votre père
Car je sais que j'ai fait des impairs
Je peux pas m'excuser comme ça avec un stylo
Et je doute que vous teniez compte de mes propos
Parfois on décide pas de notre avenir, de ce qu'on va devenir
J'étais à mille lieues de penser que cette maladie puisse tout détruire

Parfois la vie nous teste
Et moi au plus ça va, au plus je la déteste
Je peux pas être en paix sans entendre vos voix
Je peux pas être en paix sans entendre votre joie

J'avais juste un mot pour finir car il faut une conclusion
PARDON

À VOUS LES MESSIEURS DU PARC

Putain, j'étouffe ! Je manque d'air ! J'ai jamais aimé être enfermé
J'étouffe ! Pourtant j'suis pas claustro, j'étouffe ! Je suis en apnée
Pour moi c'est pas un test pour voir mes capacités d'adaptation
C'est pas la solitude ni le temps, c'est l'air qui manque dans mes poumons
Si j'ai choisi d'être avec elles et en faire ma vie
C'est que parmi ces demoiselles je respire, je suis bien, heureux et épanoui
Depuis mes 14 ans environ j'ai perdu ma virginité avec elles
Devenant drogué et accroc à ce qui est pour moi des merveilles
Je ne les ai jamais trompées durant toutes ces années
Passionnées et fidèles, elles en ont fait mon métier
Si je prends mon stylo aujourd'hui c'est pas pour vous dire que je suis proxo et vous parlez des gazelles
Mais de celles qui m'entourent, vous entourent, me font, vous font vivre, qui sont essentielles
Si tu respires depuis que ta mère t'a expulsé, c'est à elles que tu es redevable
Si notre monde est ce qu'il est c'est nous les incapables
Cet amour je l'ai découvert un peu par hasard et je l'ai plus lâché

Grâce à de grands messieurs, passionnés qui sont aujourd'hui décédés
Qui ont su avant de partir transmettre un savoir et prendre un pied à l'exercer
Je ne veux pas faire un hommage par ce texte bien qu'ils le mériteraient
Mais tout simplement les remercier
Les remercier par un pied de nez
J'aime les arbres, les fleurs, les plantes
J'aime les voir quand elles chantent
J'aime leurs couleurs
J'aime leurs odeurs
Si j'aime la nature, c'est par nature
Et encore plus aujourd'hui à travers ces murs
Alors je dois avouer messieurs que je vous ai trompés !
Ce fut lors d'une de mes dernières créations, chez moi, mais c'est pas vraiment de l'infidélité
J'avais accumulé, gardé, soigné, multiplié une palette de plantes
Aux formes, couleurs, odeurs toutes différentes
La logique comme vous je la connais. Je l'ai pas respectée !
Mon jardin ne devait pas être ce que j'imposais mais juste notre reflet !
Alors messieurs pour un temps je suis devenu amnésique de toutes ces années
J'ai oublié toutes les lois et règles de la composition paysagère que vous m'aviez enseignées
J'ai fait d'un moment banal de mon métier un kif où j'ai pu librement m'exprimer
J'ai tagué la terre sans limitation
J'ai tagué l'air sans restriction
J'ai rien fait d'uniforme, j'aime pas ce qui représente l'autorité

J'ai rien clôturé par des haies symétriques, j'avais déjà besoin de respirer
J'ai mélangé les couleurs et les odeurs pour qu'elles se frottent, qu'elles se fassent l'amour, qu'elles se mêlent
On devrait tous faire pareil, j'trouve ça naturel
Je me suis servi uniquement de mes mains et de ce que cette terre a pu me donner
Parce que je voulais rien modifier ni apporter, peut-être par respect
Et ce qu'elle m'a offert
Ce ne fut que des pierres
Alors je lui ai rendu ses rejetons pour qu'elle puisse encore les porter et les contempler
En dressant des murets de pierres sèches irrégulières, des rocailles, banquettes comme pour lui rendre une certaine fierté

Messieurs si vous m'entendez
Messieurs si vous pouvez le regarder
Vous verrez que si on ne respecte pas les lois
On peut faire quelque chose de sympa parfois

Mon jardin c'est un peu comme ma vie, j'ai pas respecté les lois pour trouver du bonheur
Mais j'crois qu'il n'y a aucune loi qui interdit de battre un cœur.

Merci messieurs

Au mort

Encore un tombé inaperçu au champ d'honneur
En ce jour de 14 juillet 2018, fête nationale, événement populaire
C'est à lui et à de nombreux autres de ses camarades que je rends honneur
En regardant, en pensant à lui à travers ce défilé militaire
France, un des derniers pays démocratiques à exhiber sa force
France, pour qui beaucoup sont tombés et à leurs proches
Sur les Champs-Élysées notre armée est en train de défiler
Pour montrer sa puissance, l'engagement, le dévouement au peuple et au chef des armées
Comme l'était celui qui aujourd'hui est décédé
Je n'ai pas le temps de préparer quoique ce soit, j'ai pas eu droit à une répétition
Sa disparition fut brutale, dans le feu de l'action
Donc, je lui rends un peu hommage en me disant que ce défilé est un peu pour lui aussi
Fidèle compagnon à qui j'avais loué confiance comme à un ami
La patrouille de France survole la capitale
Suivie de bombardiers, canadairs, mistral, équipe de voltige et rafales
Les troupes à pied ouvrent la marche sur les Champs

Des milliers d'hommes et de femmes au pas cadencé, les bras ballants
Des mois à répéter pour que ce jour soit parfait
Ce que moi je n'ai pas eu le temps de préparer
École des officiers de gendarmerie, Saint-Cyr, interarmées, navale, air
Polytechnique, élite des ingénieurs, maistrance, Légion étrangère
Uniformes, casquettes, bicornes ou chapeaux
Il y a toujours un porte-drapeau
Sur cet étendard écrit
Honneur et patrie
Garde républicaine, dragons, défense aérienne, unité de soutien
Tarte blanche sur la tête, les chasseurs alpins
Certains corps que je respecte plus que d'autres car ils sont plus qu'utiles
Les hommes du feu, les pompiers, sections cynophiles, sécurité civile
Même la pénitentiaire est représentée
Souviens-toi, toute la journée on les voyait ensemble défiler
De l'Étoile à la Concorde c'est au tour des motos, chars, blindés
Qui font trembler sur leur passage les pavés
Déploiement de matériel
Chevaux et panache de la Garde républicaine
Dans le ciel avions et hélicoptères
Tigres, caïmans, gazelles, des animaux dans les airs
Sous le regard d'une tribune officielle
Et de badauds anonymes plantés sous le soleil
Le tout avec le chœur de l'armée française
Musique et fanfare pour clôturer sans faux dièse
Moi j't'aurais pas joué la Marseillaise

J'aurais préféré la Javanaise
Ce soir il y aura même un feu d'artifice
Je penserai à toi qui n'es plus là, même dans ce supplice
On aurait pu se faire un étendard et même dessus écrire
Mais tu es parti si vite, si rapidement mais sans souffrir
Le défilé est terminé, je te le dédie
Je n'ai pas ici de couronnes fleuries
À te déposer
Juste ma pensée pour t'accompagner
Pas de monuments funéraires pour les stylos morts
Juste une vulgaire poubelle pour couvrir ton corps
Tu t'es asséché juste avant la première phrase de ce texte
Repose en paix, fini les mots d'ivresse
Un de tes fidèles a pris ton rang
Pour écrire encore, encore un bout de temps
Parce que j'aime pas la guerre, mon arme ne sera toujours qu'un stylo
Tout simplement parce que c'est beau !

BÊCHER ET AÉRER

J'avais pas de but ni de rêves particuliers
J'voulais travailler et vivre au milieu des fleurs, j'y étais
J'voulais pas me marier, je l'ai fait
J'voulais des enfants, j'en ai
Mais à un moment j'ai cessé d'exister, j'avais plus le droit d'être celui que je voulais
C'est elle qui l'avait décidé
Je veux pas entamer de réflexions sur ma vie et le reste
Mais apporter chaque fois quelques précisions sur le contexte
Personne n'aime qu'on lui rappelle ce qu'il a enterré
En plus je voyais un futur sans projets à dessiner
J'avais trois catégories de souvenirs dans ma tête embrumée
Ceux que je voulais oublier
Ceux que j'étais incapable d'effacer
Et ceux que je ne me rappelais pas avoir refoulé et qui réapparaissaient
Et il y a aussi les sentiments, le « je t'aime »
Elle, toi, j'crois qu'ils prenaient même pas l'oxygène
Les mots vous savez je m'en méfie et c'est pas de maintenant celui-là
Je l'avais jamais dit avant, c'était pas lâché comme ça
Quand ça sortait c'était gros, énorme et ça n'a jamais coincé
J'croyais que les gonzesses quand elles aimaient elles avaient une autre manière de menotter

Quand on aime, les choses peuvent prendre un côté moins drôle
Quand on aime, on pense à l'autre, on le pénètre en prenant son rôle
Si elle m'avait aimé, elle se serait senti tout autre, tout autre chose
Elle se serait dit « oh putain ça fout la trouille là-dedans, c'est Psychose ! »
L'amour fleur bleue, les sentiments profonds, j'croyais que c'était réservé aux gonzesses pas aux blaireaux
Comme quoi il ne faut jamais dire « fontaine je ne boirai jamais de tonneau »
Un mec comme moi ne peut pas tomber aussi bas qu'en étant amoureux
J'me suis bien découvert du côté de mon point faible et elle n'a pas eu froid aux yeux !
Le problème c'est que je dis les choses que je pense avec les mots qu'on m'a appris
Forcément ça limite, j'dors pas avec un dico au pied du lit
Un chat
C'est un chat
Un con
C'est un con
Paraît que le pouvoir appartient à ceux qui s'expriment bien, aux orateurs avec du vocabulaire
Mais ça sert à quoi de parler pour rien dire, mentir ou brasser de l'air ?
Si ces mots « je t'aime » je m'en sers
C'est seulement parce que je suis sincère
J'crois qu'elle avait jamais vu cette page dans un dictionnaire
Ou elle ne connaissait pas ce vrai vocabulaire
J'pensais avoir trouvé le bonheur, sincèrement encore ça m'habite

Mais pour l'avoir faut un coup de bol ou que ça se mérite
Peut-être que ça coûte cher, y a le prix à payer ?
C'est vrai à quoi ça sert sinon l'intérêt...
Ah la vie... Toi tu dis qu'elle est dure, j'pense pas pareil
J'crois plutôt que pour moi elle a pas fait dans la dentelle
Mais j'continue à écrire, tu sais que j'aime bien
Ça me distrait les mains
Avant de mettre des mots sur ma vie, j'mettais du sel sur mes coupures
Puis j'virais au yaourt à rester amorphe, maintenant je fais un peu d'écriture
C'est pas parce que mon terrain a été en jachère qu'il est pas bon pour les fleurs
Faut pas croire, c'est de bêcher, de retourner, d'aérer qui rend le sol meilleur
Ça le prépare aussi à bien recevoir les semis
Faut pas qu'il soit acide, calcaire, juste en vie
Sinon il prendra pas n'importe quoi de toute façon
L'engrais ça sert à rien si la terre est boueuse, c'est con
Alors que si la terre est lourde avec des mottes lourdes qui tiennent aux doigts
Quand on veut l'effriter pour l'aérer ça donnera un terrain de choix
Sans parler du savoir du jardinier
Et surtout de la météo qui lui est chantée
C'est pas parce que on est dans un sale état qu'on est pas cultivable
J'dis ça, j'dis rien, juste le rapport des gens au sol où tu fous tes sandales
Juste le rapport des gens au sol, lequel tu as piétiné
J'dis ça, j'dis rien, suffit peut-être de tomber sur un bon jardinier
Ça s'apprend, c'est un métier, faut un certain doigté

J'dis ça, j'dis rien, j'y vois un rapport d'existentialité
Je filerai mon syndrome du défrichage
À celui ou surtout celle qui doit comprendre mes codages

                                                12 septembre 2018

Braille

J'ai eu envie de me libérer, de m'évader, de crier mais je n'avais plus ma tête à moi, je ne savais plus à quoi penser
Personne à qui oser parler, de la fierté aussi, si seulement au lieu de me crier seul j'avais pu parler, parler
J'étais devenu une âme noire, j'entassais des cailloux
Chaque journée devenait un poids impossible à porter pour ma tête de choux
Aurait-elle eu ouïe ?
M'aurait-elle compris ?
Ce matin un peu par hasard j'ai découvert par le biais de « lire pour en sortir »
Un livre, « Louis Braille, l'enfant de la nuit » que je me suis empressé de lire
Cet homme qui enfant a trouvé le moyen de déchiffrer ce que les yeux ne peuvent voir
J'écris ce texte car je pense que j'aurais dû lui écrire en braille pour qu'enfin elle voit mon désespoir
Je marchais déjà avec une canne dans ma tête
Je souffrais d'une forme de cécité enfermé avec à l'intérieur cette bête
Si seulement elle avait voulu me lire
M'aider à évacuer tout ce noir, ces angoisses, ces peurs pour m'en sortir
Mon état dépressif se devinait comme des lettres en relief

Il aurait fallu se pencher, toucher du doigt pour voir l'état de mon fief
Elle était aveugle, j'aurais dû écrire en braille comme Louis
Cette méthode est bien faite pour être rapidement et facilement sentie
J'accorde vous le savez si vous me lisez une importance aux mains, au toucher
C'est peut-être le moyen de communication que j'aurais dû employer
Je parlais pas, je gardais tout en moi
Elle ne voulait pas ou ne voyait pas
Tant de temps, mois et années à vivre ou survivre sans le savoir avec cette maladie
Pour ne pas craquer, sans s'exprimer, boire et tomber dans l'oubli
Je pouvais la sentir, l'entendre mais je n'avais plus de voix pour ça
Je m'étais interdit d'évoquer mon état
Les mots que j'employais n'avaient aucun rapport avec mon identité, je les perdais
Je perdais tout, mes sens, mes valeurs, la dépression s'accentuait
À gratter des croûtes dans ma tête pour les réouvrir une à une
Pour y laisser encore des cicatrices dans toute cette brume
Mais elle ne savait pas, ne voyait pas, j'ai été jugé pour l'alcool
Sans se préoccuper de ma tête devenue molle
Elle a déployé ses armes et livré la mauvaise bataille
Aveugle face à ma dépression j'aurais dû m'inspirer du braille
Je connaissais l'écriture pour les aveugles de nom
Mais j'ignorais l'origine et la création
Ce qu'a réalisé M. Braille est un immense cadeau pour les aveugles du monde entier

Par des petits points reproduire l'alphabet
Ce que je pense (peut-être pour me rassurer) c'est qu'il y a eu un manque de communication
J'étais enfermé dans cette dépression chuchotant dans la boisson en amenant les tensions
Elle ne voulait pas voir
Fin de l'histoire

Ça fait deux jours que je pense en écrivant au langage des signes
Je tombe sur ce livre aujourd'hui, serait-ce un signe ?
J'espère pouvoir en sortant apprendre le langage des sourds-muets
Si l'avenir me le permet... J'en ai envie, je le ferai, je veux plus me priver

C'est peut-être une chance d'avoir tant souffert pendant des années
Je pense être désormais plus indulgent, compréhensif envers l'humanité
J'ai envie d'apprendre, écouter, partager
Je dois rattraper tout ce que j'ai raté

24 août 2018

BROUILLON DE VIE

Rater sa vie ça veut dire quoi ?
C'est qu'elle était ratée la première fois ?
C'était un brouillon, il faut la recommencer ?
Ça veut dire que je suis nul en vie, en vie ratée ?
Je ne pense pas que c'était un brouillon
La preuve d'une réussite est bien nos quatre magnifiques garçons
Parfois il faut savoir lire entre les lignes
Pour s'apercevoir et comprendre que tout n'est pas que rectiligne
C'est plutôt je pense au lecteur à saisir certains passages
Qu'à l'auteur qui essaye de transmettre par divers moyens un message
Ce n'était pas un brouillon
Je pense qu'il y avait une certaine application
Il y a eu certes quelques ratures
Mais l'inspiration était sûre et pure
Quelques flèches nous ramenaient à un passage oublié
Pour suivre le déroulé et nous guider
Peut-être qu'un buvard aurait suffi
Pour m'appliquer et m'appuyer afin de m'aider à écrire ma vie
Je ne pense pas que c'était un brouillon
Ça aurait été vraiment con
Peut-être que mon stylo à plume coulait et était usagé

À force de le tremper dans cet encrier
Il commençait à baver
Peut-être fallait-il retirer la plume, la mine pour la remplacer
Ou simplement laver cet encrier
Car il était encombré de dépôts au fond qui y reposaient
Au fond, bien au fond, des grumeaux, des amas encore plus noircissant
Mais on ne les distinguait pas, on ne voyait que la surface diminuer progressivement
Ouais, le nettoyer à l'eau de Javel doucement
Pour qu'il soit enfin reluisant
Changer la couleur de cette encre
Pour y mettre plus de couleurs dans son ventre
J'ai même essayé avec un effaceur
Pour réécrire mes erreurs
Mais ça ne collait plus trop à nos espoirs
J'en perdais le fil de l'histoire
J'ai essayé d'ajouter un peu partout des majuscules
Mais mes pensées étaient tellement minuscules
C'était pas un torchon à jeter à l'oubli
Ce n'était qu'un moment de ma vie mal écrit
J'ai eu le syndrome de la page blanche
Horrible pour quelqu'un qui s'écrit, ça devient moins étanche
Mes pensées étaient oubliées
Ma créativité m'avait abandonné
Ma tête était devenue un panier troué
Plus rien ne circulait
Rater sa vie ce n'est pas comparable à un brouillon, si vous me permettez
Comme dans tout essai il y a une part à garder
Je ne pense pas que ma vie ressemblait à un vulgaire torchon
En tout cas moi j'en garde du bon
Ainsi va la vie, on tourne une page

Des fois il vaut mieux, c'est plus sage
La tourner mais pas la jeter
Car il y a du bon comme du mauvais
Tu as décidé de refermer notre cahier
De notre vie qui n'est pas celui d'un simple écolier
On en prend un nouveau chacun pour demain
Choisis bien le tien
Moi j'l'ai commandé à spirale, un peu comme ma vie
Mais aussi pour arracher proprement ce qui pourrait être laid, vilain, mal fini
J'en ai pris un beau avec cent milliards de milliards de milliards de pages
Parce que j'ai pas fini mon histoire, pas fini d'en laisser des messages, j'suis plus de passage
J'ai choisi une magnifique couverture
Qui retrace mon aventure et qui fait référence à ma nouvelle nature
Je viens tantôt de le recevoir
Il est vraiment beau et plein d'espoir !

CE SOIR, LE CIEL

Ce soir j'étais en train de bouquiner un livre « concerto à la mémoire d'un ange »
Ça m'inspira une idée de texte sur la rédemption dont je voudrais faire louange
Assis sur cette chaise comme tous les soirs j'attrape une feuille et mon stylo
Et j'y laisse couler quelques flots
Le soleil me quitte et mon regard est attiré par le ciel qui devient de plus en plus noir
Ce ciel qui se change et qui va revêtir son costume du soir
Ce ciel qui va s'habiller d'étoiles
Ce ciel qui ne sera plus qu'un voile
Ce ciel qui change comme changent les personnes
Ce ciel qui change comme ce que nous sommes
Je suis fatigué mais je me dois de continuer à écrire
Car ce n'est pas demain que je vais exposer ce que j'ai à décrire
Ce texte ne sera peut-être pas abouti
Mais en ce moment il véhicule mon ressenti
Ce ciel qui ce matin sera peut-être encombré de nuages soucieux, tourmentés
Comme nous les hommes au gré de nos inquiétudes, de nos pensées
Ce ciel qui deviendra peut-être lourd et pesant
Comme nous selon nos humeurs et nos sentiments

Ce ciel qui deviendra peut-être noir, très noir
Comme nous quand nous sommes atteints de tristesse, de désespoir
Ce ciel qui peut pleurer toutes les larmes de son céleste corps
Comme nous dans la douleur, la peine, ce que la vie a fait de notre sort
Ce ciel qui subitement redevient clair, calme, reposant
Comme nous même si parfois on fait semblant
Ce ciel qui pourrait être une photo à réaliser, une peinture, un dessin
Comme nous quand nous sommes heureux et que la vie nous met bien
Ce ciel qui dépend et qui est associé aux éléments qui l'entourent
Vents, tempêtes, cyclone, anticyclone, pression atmosphérique, dépression...
Comme nous avec les aléas de notre travail, de notre famille, passé, entourage, de cette vie qui court
Ce ciel qui peut nous tomber sur la tête, clin d'œil à nos anciens et leur potion
Ce ciel tributaire d'autres éléments
Comme nous qui évoluons au gré de nos ressentis et de nos sentiments
Ce ciel quand il est tracassé, noir, orageux, criant et versant ses larmes dues à une dépression
Est toujours aidé, soutenu par un ou des éléments, un vent, un anticyclone pour effacer ses tensions
Qui lui offre même en cadeau un arc-en-ciel
Pour lui rendre sa merveille
Qui laisse planer alors pour se faire la cour, un jeune couple de tourtereaux
Ou pour un rappel un vieux couple de corbeaux
Et nous, les pieds en éventail à l'ombre d'un parasol

Nous ne nous soucions pas qu'il a livré bataille contre des éléments pas drôles
Ce que je veux dire par ce texte ce n'est rien, trouvez-le par vous-même, j'ai pas le temps
Je ne suis qu'un pauvre type qui remplissait des verres et qui essaye d'en écrire à présent
Je ne suis qu'un détenu avec un stylo qui s'exprime avec ses mots, j'suis pas écrivain ni auteur
Désormais c'est vous qui me lisez, c'est vous l'auteur
Car tout ce que vous lisez, voyez, textes, films...tout est art
Ils sont faits de l'imagination, de la projection de chacun qui en fera sa scène
L'auteur raconte la sienne
Fin de la mienne

27 juillet 2018

C'ÉTAIT MIEUX AVANT

Déjà presque un mois que la France est championne du monde
Pour quatre ans elle règne sur le toit du monde
Mais c'était mieux avant
En 98 parce que c'était la première de mon premier enfant
Sur ce terrain qui est cette terre qui ne tourne pas rond
À l'époque il ne comprenait rien à ce ballon ni à ce monde de con
C'était mieux avant parce qu'on jouait à domicile
Le douzième homme a eu un rôle utile
Parce qu'on avait Footix comme mascotte...
Qui aurait sûrement plus servi pour une belote
C'était mieux avant parce qu'on a battu la Seleção
Favorite de la compétition, avec Ronaldo, et un et deux et trois zéro !
Parce que c'était les blacks, blancs, beurs
La France, le melting-pot à sa hauteur
C'était mieux avant parce qu'il y avait les albums Panini
Maintenant avec internet c'est presque fini
Parce qu'il y avait de l'amitié et même de la superstition
Comme le kiss de Blanc sur le crâne de Barthez devenu tradition
C'était mieux avant parce qu'on avait un type qui a marqué deux fois en cent quarante-deux sélections
Contre la Croatie, Thuram assis à genou sur l'herbe en signe de son incompréhension

C'était mieux avant parce qu'on avait Zidane
Mauvais de la tête et qui frappe deux fois en finale du crâne
C'était mieux avant parce que ça fait vingt ans
J'étais plus jeune, je venais de me marier, d'y penser c'est chaud nostalgiquement
Parce que la descente d'un bus impérial
S'est faite de façon magistrale
Pas à la vitesse d'un taxi
Perdu dans Paris
Pendant que des fans attendent des heures pour une parade au soleil
Qui ne fut qu'un passage, une étincelle
Pour voir leurs idoles
Je trouve ça pas du tout drôle
C'était pareil avant parce que la terre ne cessera pas de tourner
Et qu'on est toujours dans la même société
Cruelle et injuste
Ce ne fut qu'un temps juste
Parce que maintenant ou il y a vingt ans
Quand on regarde « nos héros », c'est avec des yeux d'enfants

Mais c'était quand même mieux avant pour une seule raison
Qui est celle qui est, comme pour l'OM mon club de cœur, ma sélection
C'est qu'on sera à jamais
Les premiers
France 98, Munich
Deux histoires magnifiques

Balle au centre !

10 août 2018

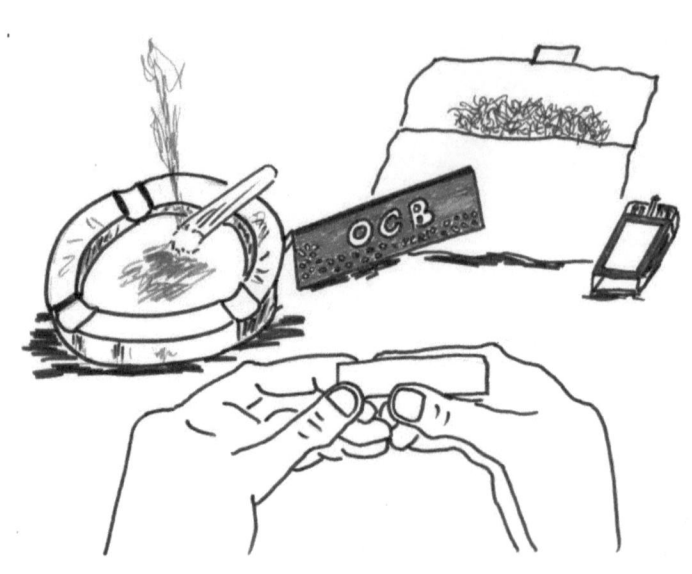

Cigarettes

Un brin de ce bon vieux Pall Mall à rouler
Une fine OCB pour la serrer
Sans filtre ni carton pour mieux apprécier
Ton parfum si mauvais
Une certaine habileté dans l'art du doigté
Un p'tit coup de langue pour t'humidifier
J'te tiens dans ma main, t'es bien gaulée
Je te tiens entre mes doigts sans te serrer
Ce soir je te regarde et je te tourne entre mon index et mon pouce
Ce soir je te regarde avant de t'allumer
Ce soir je te regarde avant d'attraper mon briquet
Ce soir je me dis que ça fait plus de trente ans qu'ensemble on tousse
J'vais pas arrêter de te consommer
J'ai déjà bien diminué
J'suis déjà bien diminué
Et c'est pas encore mon idée
J'dois sûrement avoir les poumons semblables à un vieil échappement
Mais si je te regarde comme ça ce soir c'est que je te compare à certains instants
Après tant d'années ensemble, tu es comme elle devenue une addiction

Sans toi mon humeur, mon état ne sont plus les mêmes, tu es devenue une obligation
Quand je porte la flamme à ton extrémité tu brilles de par tes braises
Dégageant une odeur qui me met bien à l'aise
Ce soir je te regarde, j'tire ma taffe et je fixe ton incandescence
Qui me ramène à tant de soirs passés vivant dans l'insouciance
Ce soir plus qu'un autre soir c'est particulier, je t'apprécie à te regarder
Ce soir tu me rappelles le nombre de taffes qu'ensemble on a tirées
J'te pose dans ce cendrier comme pour te reposer et regarder cette fumée qui se met à danser
Cette fumée qui se met ensuite par un petit air à dessiner
Et je m'imagine des formes semblables à celle que j'aimais
J'te laisse là posée comme j'ai pu laisser ma vie où elle s'est arrêtée
Lentement tu diminues comme ma vie auprès de ceux que j'aimais a diminué
Tu es partie seule en fumée et je t'ai regardée
Comme ma vie tu t'es consumée
Comme ma vie tu n'es plus que fumée
Comme ma vie tu n'es plus qu'un mégot
Comme ma vie je dois tout recommencer de zéro
Alors je souffle et je recommence mes manipulations
En m'appliquant comme si tu devais être parfaite pour mes poumons
Tu es encore plus belle que la précédente
Ce soir plus qu'un autre soir tu es attirante
Il est tard ce soir, faut que j't'allume vite
Pas le temps de laisser passer encore le temps qui m'habite

Je tire une grosse taffe comme si je voulais me faire mal
À me remplir les poumons à un stade anormal
Juste pour pouvoir prendre le temps lentement de te rejeter
Comme si cette fumée expulsée était ce que je retenais
Comme si cette fumée soufflée me rendait plus léger
Je regarde cet air embrumé comme s'il contenait mes pensées
Et j'me dis qu'il faudra encore bon nombre de clopes peut-être
Pour vider tout ce que je retiens et qui me torture dans mon être
Je regarde mes doigts marqués de nicotine et de goudron
Qui me rappelle souvent l'état de mes poumons
C'est pas l'important à cette heure
L'important est de soigner mon cœur.

Compliqué

La nuit est calme, claire, il fait beau
Pendant que les murs dorment je suis assis derrière ses barreaux
J'ai pas été invité longtemps ce soir au pays des songes
Il est 3h30 du mat et déjà après un café sur cette feuille mon stylo se ronge
Je repense à une lettre où j'évoquais la complexité
Complexité, difficile d'en parler c'est compliqué
Surtout quand je veux me l'expliquer avec moi comme sujet
Parce qu'avec le recul il restera des choses inexpliquées
Compliqué ici, à cette heure de dire enfin que je vais bien
Et qu'après six mois d'incarcération j'aperçois demain
Compliqué de se rendre compte que j'étais aveugle, sourd et muet
Et de devoir petit à petit réapprendre ces sens qui ne sont pourtant que banalités
De se rendre à l'évidence pour avouer que je le dois à une terrible incarcération
Qui a pu m'aider à lutter contre celle qui s'était imposée depuis longtemps, la dépression
Compliqué de ne pas en avoir pris conscience entièrement par le passé
Par peur, par fierté, ignorance, par manque de lucidité
Car tu n'es plus réalité
Car tu fuis la réalité

Compliqué d'écrire dans une cellule enfermé en se levant enfin le matin avec la trique
Parce que j'aurais pu atterrir ailleurs à force, dans un hôpital psychiatrique
Bourré de médocs avec un discours tragique, ça serait pathétique
Ou avoir posé son Bic près de mon corps en attendant un discours biblique
Compliqué d'avoir été rejeté par sa femme et ses enfants
Pour avoir fait faux semblant
À se noyer dans l'ivresse par maladresse, faiblesse et tristesse, c'est là que le bât blesse
Faire face à l'embarras d'une princesse qui te lit ta messe
Parce qu'elle côtoie la décadence et la souffrance
D'un type qui vit dans le silence
Un silence de bruits intérieurs
Un silence de peur
Compliqué de faire comprendre ce que toi tu ne comprends plus
Compliqué de se retrouver vide et nu
Que tu penses sincèrement qu'elle a vu et qu'enfin tu auras une main tendue
Que tu n'expliques pas comment, pourquoi tu n'es plus le bienvenu
Compliqué comme la vie qui est compliquée
Comment peut-on ainsi se la compliquer ?
Pour ne rien compliquer, ça en devient trop compliqué
C'est pas vivre que de saigner à l'intérieur sans en parler
Une hémorragie interne de douleurs angoissantes sans aucune cicatrice extérieure
Une scarification de ton être, de ta demeure, sans un œil pour voir que tu meurs
Dehors on juge un mec et une bouteille

Sans savoir, sans avoir levé le petit orteil sur ton sommeil
Un sommeil lent, fatigant, irréel
Un sommeil de vide énorme, un coma artificiel
Une bouteille qui te fait oublier mais qui te rend plus invalide
Une bouteille qui te rend moins crédible
Compliqué que de ne pas oser en parler
Mais m'aurait-on écouté ?
J'ai fait face à ce que je n'appellerai pas de l'ignorance
Mais que je qualifierai d'insouciance et d'inconscience
En me préconisant un simple effervescent pour thérapie
Alors que j'étais tétraplégique de l'esprit
Aimer c'est comprendre et aider
Aimer ça n'a jamais aidé à se décéder
Compliqué alors que tu souffres de faiblesses mentales d'en prendre plein la tête
De s'y retrouver et de penser parfois qu'à ne rejoindre Lucifer
Faire face à une personne dont la détermination n'est plus que de t'envoyer en l'air
Souriante à ta vie, à ta vue, profitant de ton cœur pour lui coller un casier judiciaire
Prisonnier pour avoir aimé
Prisonnier de ma stupidité
Aujourd'hui j'ai réappris à marcher dans ma tête
J'ai encore un déambulateur pour finir ma quête
Faire le vide, se poser les bonnes questions, trouver les réponses, je sais c'est bête
Mais pas pour moi qui n'étais plus qu'une bête
Une bête sans âme
Une bête sans armes
Alors je me suis procuré des munitions et sans restriction je me suis fait ma guerre

Je fais le siège de ma tête et cible mes préoccupations de naguère
Avoir les mots et la parole aurait changé ma vie pour me faire comprendre
Ce sont des armes que je n'avais pas pour me faire entendre
J'arrive plus facilement à l'écrire
L'oiseau se fait lire
Il se fera perroquet un jour
Mais jamais comme celle qui fut vautour
Compliqué de tout réapprendre, apprendre à revivre
C'est être accouché une seconde entre des barbelés avec des rides
Ma maternité j'la passe au chaud
Entre des putains de barreaux
J'ai pleuré comme toute renaissance, j'ai pleuré contre cette ignorance
Mais je vis, je désire, j'ai faim, j'ai envie, de la vie j'en ai vengeance
Et je ne regrette rien puisque je n'étais rien
Même plus humain
Je n'attendais qu'une main
Que j'ai prise au pénal dans le tarin
Alors je me demande parfois si c'est pas moi qui me suis trompé
Est-ce moi qui me suis menti à l'aimer ?
Est-ce moi qui me suis autoflagellé ?
Compliqué de ne plus savoir si on s'aimait
J'écris car je n'ai rien à me reprocher
J'suis pas le plus chanceux des deux mais j'ai tout à y gagner
J'ai compris les règles du jeu de cette vie
Et je ne veux plus mourir seul dans cet ennui
Alors je prends mes mots et je gribouille sur des papiers
J'étale avec ma taloche cette plume qui n'arrête pas de crier

Parce que ma tête n'est plus un goutte-à-goutte
C'est une aspersion, une éjaculation d'envie sans la moindre croûte
Parce que je vais pas péter le câble
Car j'ai décidé de me battre et j'en suis capable
Ouais j'suis sorti de ma réanimation
Mon trauma crânien, ma tétraplégie du bocal sont à l'incinération
Parce que même dans ce monde où elle m'a foutu qu'est la taule
Et ben tu vois j'ai la gaule !
Parce que j'aime vivre sans faire l'acteur simplement
Tout simplement
Alors je fais ma révolution intérieure
Je suis le Che de mes angoisses et mes peurs
J'ai pas de bonnet phrygien
Mais ma prise de ma bastille j'en suis pas loin
Avec mes armes que sont mes mots
Je m'exprime et je le fais de plus en plus haut
Je lève mon nouvel étendard, mon drapeau
Et je te tire mon chapeau

« Il en faut peu pour être heureux
Vraiment très peu pour être heureux
Il faut se satisfaire
du nécessaire »   Le livre de la jungle

CONFESSIONS INTIMES

Ouais ce soir va falloir que je me décide à en parler, ne plus faire abstraction ou de faux semblant
Car depuis ça me pèse, faut plus que je me cache comme avant
J'ai peur que ça prenne d'autres proportions
Que ça s'amplifie encore sans y prêter attention
Sérieux ça me gonfle mais c'est pas évident
C'est pas bien grave mais ça risque de devenir embarrassant
Puis j'en ai marre de tous les jours porter ce poids
Et ça fait du bien de s'alléger parfois
Dans ce cas c'est difficile, ça me tient au bide
Mais j'aimerais le dire, en parler pour faire du vide
Puis j'ai assez pris dans le buffet
C'est pas faire la balance que de dire la vérité
C'est propre à moi en plus je veux rien dénoncer
Faut juste que je parle on me l'a conseillé pour m'alléger
J'avoue que je pèse le pour et le contre
Ici pourtant je fais pas une course contre la montre
Puis j'ai l'impression qu'on le voit à mes traits
Que j'arrive pas à le dissimuler, que je le porte sur moi comme un boulet
J'ai peur d'être ridicule et que pour vous ce soit bidon
C'est pas non plus l'énorme scoop de cette prison
Mais d'y penser encore et encore ça devient lourd
Et j'y suis confronté au quotidien c'est balourd

J'ai l'impression de me ceinturer à ne rien dire comme un con
J'pourrais le dessiner mais faudrait que vous le deviniez, c'est tourner en rond
Peut-être que toi tu vas même en rire à te tordre le ventre
Peut-être mais ça serait vraiment pas tendre
Ouais faut que je fasse mes aveux, y en a marre des non-dits !
Je crois que j'ai grossi !!!!
Putain j'ai attrapé une bonne brioche
Pourtant j'attends pas des mioches !!!
Quand j'enfile un T-shirt il devient au niveau du bulbe anormalement moulant
Même mon visage, mes joues ont gonflé subitement comme par accident
Quand j'enfile mon bleu de travail j'suis obligé d'oublier un bouton
Mettre un jean slim en devient une épreuve de gym, j'en fais des contorsions
Va falloir du sport mais moi j'reste tranquille
Va falloir du sport mais moi j'reste tranquille
J'fais tout à l'envers, en taule normalement on maigrit
J'fais tout à l'envers, moi je prends du poids ici
J'ai quelques excuses pour me justifier
Je sors plus en promenade depuis quatre mois pour marcher
Ça m'a gonflé de faire l'ours en cage
En rond, en rond en empruntant toujours le même passage
Mon travail n'est guère physique, ce n'est que l'eau qui rend nos t-shirts mouillés
Et même si je plonge c'est sans nager
J'écris beaucoup, entre mes textes, le courrier et de la lecture, j'ai le cul au dossier
Après il est vrai que je pourrais être jugé (encore) et condamné (encore) d'excès

Mais j'prendrai pas d'avocat ça fait juste maigrir le porte-monnaie
Bien que je ne sois pas spécialiste je crois plutôt que comme je vais mieux à l'intérieur avec un moral regonflé
À l'extérieur ça se ressent, j'ai gonflé
J'ai retrouvé une vie saine, je mange normalement avec appétit
Mais je m'offre quelques plaisirs, liégeois, galettes, brioches et sucreries
Qui font partie de mon rituel d'avant nuit
Comme s'il me fallait des provisions afin de partir à mes rêves
Des fois on sait jamais, mourir de faim on en crève !
Sérieux, j'essaye de me limiter maintenant
Mais j'suis redevenu gourmand
Et avec le boulot
Des fois il y a des restes « oubliés » dans le chariot
Souvent des trucs pas mauvais
Comme si on avait pas les mêmes goûts pour les denrées
Ouais bon j'suis pas non plus obèse
Mais ça me pèse
Quand je sors
Je me remets au sport
Puis ça me fera encore évacuer
Car j'en ai encore sous le pied
Faut que j'aille courir, après quoi, j'sais pas
Peut-être rien on verra
Ou une gazelle ça s'rait bien
On verra bien
Vite d'arrêter de courir après le temps
Vite courir avec la gueule dans le vent

DANS LE NOIR

Bien souvent le soir venu il faut qu'avec mon café, ma clope vous formiez un trio
Je t'attrape, c'est machinal mais j'sais pas si tu vas bosser p'tit stylo
J'suis fatigué et j'ai les doigts crispés pour encore dire « tu me manques » « je t'aime »
Ce soir je trouve que ça fait un peu blême
Mais y a toujours ce truc dans ma tête qui me ramène à celle qui était ma divine
Comme un vieux vinyle rayé sur une vieille platine
Où le diamant reste coincé
Et que ça fait que grésiller
Répétant inlassablement le même son
Jusqu'à ce qu'on l'ôte pour sauter une piste afin de passer à une autre chanson
Ben c'est con mais là encore faut que je fasse un rapport avec ma vie
Comme si un vieux disque serait comparable à mon ennui
Bing ! Comme je termine cette phrase le courant a sauté !
Panne d'inspiration ! Panne d'électricité !
Soirée barreaux, à la fenêtre sûrement à penser encore
Soirée barreaux à écouter les bruits et les cris plantés dans ce décor
Soirée triste, dehors il fait de plus en plus noir
Soirée triste, dans ma tête s'installe un brouillard

Seul enfermé, personne à converser
Seul enfermé, ça commence à me gagner
J'écris appuyé sur le rebord de la fenêtre ce brouillon non assemblé
J'ai juste les lumières extérieures et la lune pour me guider
j'étais bien parti avec mon histoire de disque
Mais une chaîne sans courant ça fait pas de musique
J'vais pas chanter a cappella
J'ai pas la voix pour ça
En plus ce soir y avait les frites contre les sushis
8e de finale, coupe du monde au pays des soviets, en Russie
Pays des droits dont on ne sait pas
Mais qui accueille ces gars de la FIFA !
J'aime bien, j'adore le ballon rond
Mais pas quand tout est une histoire de ronds
Que rien ne tourne rond
Et qu'en fait on nous prend pour des cons !
Bref, pas d'électricité, pas de ballon
J'voulais voir jouer les diables rouges, c'est aussi un peu ma nation !
J'suis un bâtard
De par mes origines j'suis un bâtard
Italien du côté paternel
Belge du côté maternel
Autrichien du côté du côté
Français bien sûr, j'y suis né
Un mélange, un mixte, un brassage
Qui a donné moi, cette triste image
Alors je pense à mon arbre généalogique qu'elle avait commencé
Je pense à mes aïeux, aux anciens, aux vieux
Et je repense à mon pépé

J'ai jamais eu trop de mémoire mais j'ai toujours son visage quand je ferme les yeux
Mon pépé il était un peu comme moi, jamais il ne parlait
Mon pépé il n'avait qu'un mot à prononcer
Un peu taciturne, d'apparence fermée
Mais avec un cœur qui l'a malheureusement emballé
Mon pépé, j'en ris encore, je lui ai pissé sur la tête minot
Il était accoudé au balcon et moi un étage plus haut
J'étais enfant, j'ai sorti l'outil et j'ai pissé sur sa casquette
Beau soleil, pas de nuages, Jeanne il pleut qu'il a crié !
Mon pépé était maçon, un homme simple, fort et honnête je crois
Mon pépé il m'aimait, je le sais, et moi je l'aimais
Surtout quand il me promenait
Surtout quand au grillage de la maternelle je criais « pépé vient me chercher ! »
Tellement émotif, il rentrait pour ne pas m'entendre et me regarder
Mon pépé c'était Émile, c'était mon pépé
C'est bizarre d'écrire ça ce soir après tant d'années qu'il est parti
C'est bizarre comme tout est bizarre en ce moment dans ma vie
C'est déjà bizarre de retrouver ces images, cette mémoire
C'est bizarre mais cette incarcération, ces réflexions ne sont pas illusoires
C'est bizarre mais je pense que cette coupure de courant était un signe du destin
Un signe envoyé du lointain
Pour me rappeler qu'il est avec moi dans cette galère, à mes côtés
Pour me rappeler simplement qu'il m'aimait
Le courant est revenu

J'espère une chose, c'est qu'avec Jeanne vous êtes tout nus !
Tu vois t'as bien bossé petit stylo !
Tu peux aller faire dodo !
Bisous pépé
Bisous à mémé

Dépressif tu penses ?

D.S.M. : manuel, diagnostic, statistiques des troubles mentaux
Il est pas beau ce mot, j'vais t'en faire un résumé de mes maux par mes mots
De ma vie d'avant
Celle où j'faisais semblant
Celle où tu avais pourtant tes lunettes
Mais de soleil et en plus sur la tête

Tristesse, désespoir, échec, impuissance
Inapte à finir quelque chose, inutilité, absence
Hors de contrôle, peur de la nuit
Sentiment de ne plus subvenir au besoin, à un contexte de vie
Dépression mélancolique
Dépression clinique
Pertes d'intérêts, environnement difficile, anxiété
Peur du chômage, du travail, culpabilité
Maladie brutale
Maladie mentale
Échec d'une vie passée, peur de l'avenir
Aucune dignité, peur, honte du regard, surtout ne rien dire
Maladie sournoise et lente
Maladie invalidante
Faiblesses, angoisses, insomnies

Pression due aux attentes, léthargie
Maladie biologique, génétique
Maladie psychologique
Perte du langage, plus moyen de s'exprimer
Refus d'acceptation, soumission, abandon, arrêt

Hein ? Et ce n'est que quelques restes de ma vie, de ce que j'ai vécu
Ben t'as vu ? C'est pas bien grave, tu as fait et eu uniquement ce que tu as voulu
Où elle fait mal ?
Partout... On en souffre partout, c'est guère banal !
À s'exiger la performance pour ne pas décevoir, on s'interdit la latence, la tristesse
C'est là que l'entourage proche, ceux qui vivent ce quotidien se doivent de déceler ces signes de faiblesses
Bref on va pas revenir sur les mots
En clair c'était chaud !

En sortir ? Ouais... Mais c'est quand même pas l'endroit idéal
Où tu m'as foutu pour être apaisé que le monde carcéral
Je n'ai maintenant plus le droit pour moi que de m'exister
J'préfère me battre plutôt qu'être médicalisé
Alors petit à petit, pas à pas, je reviens à moi
Si je trébuche, je me relève, j'ai plus le choix
Je travaille sur les peines de mon passé
Je travaille sur ce que j'ai encaissé
Sur ma problématique de vie
Et avec toi aussi car tu en fais partie
Parce que je t'ai aimée
Et toi je crois bien que jamais
Alors plutôt qu'être de la tête invalide
Et plutôt qu'un suicide

J'ai décidé enfin de vivre
Et ne plus survivre

Y a pas de pilule pour rendre heureux
Mais putain qu'est-ce que je vais mieux !!!

Des mots et des maux

J'ai constaté que les mots pouvaient aider
Les étapes du passé montrent au stylo la direction
L'encre se déverse sur ce bout de papier
Issu d'un arbre qui n'aura plus d'ambition
Il est encore plus facile pour moi de les écrire
Que par la parole les décrire
Sur le papier on se laisse aller
J'me laisse guider au gré de mes pensées
Mes textes ne sont pas encore tout roses
J'suis encore trop morose
Cette encre noire
N'est pas que du désespoir
Je n'ai pas de paillettes
À vous mettre dans la tête
Évidemment ces mots sont difficiles
Mais pour ma tête ils sont utiles
Je commence à les sortir de ma bouche
Seulement par petites couches
Mais aujourd'hui il est essentiel de le dire
De m'exprimer, de parler pour ne plus souffrir
Cette détresse intérieure m'a rongé
Et j'ai laissé ceux que j'aimais
Il n'y que les mots et la parole
Qui peuvent m'aider pour que je décolle
Y a tant de choses dans la vie à faire

Que je veux plus me retrouver dans cette galère
J'ai envie d'être parmi les miens
Vous qui m'avez traité comme un chien

Dory

J'étais un peu comme Dory, du moins je pense être un peu le même
Ne plus vouloir se souvenir, c'est effacer ses problèmes
Dory elle cherche sans cesse, comme moi, chercher quelque chose à chercher
Quelque chose qui la conduise à quelque chose qu'elle a oublié
Elle cherche quelque chose mais elle ne sait pas
Elle oublie tout, sa mémoire ne va vraiment pas
Des fois elle a des flashs, elle se souvient
Mais pour de temps combien ?
C'est beau chez elle et ses parents
Y a des algues, du corail, des rocailles qui dansent avec le courant
Y a même un petit chemin avec des coquillages
Pour qu'elle retrouve toujours le passage
Un jour, Dory s'est approchée trop près de la falaise sans guide
Et elle est tombée, emportée par les flots dans le grand vide
Là, elle a décidé de nager tout droit
Pour essayer de se sortir de là
Déjà personne n'avait confiance en elle, c'est pas fait pour l'encourager
Que ferait Dory ? Elle réfléchirait pas, elle ne sait pas mais elle le ferait

Elle cherche ses parents, moi je me cherchais et j'étais oublié
Ceux qui ont un cœur, Dory elle peut pas les oublier
Elle cherche son itinéraire, quelqu'un pour la guider
Seule elle éprouve des difficultés, c'est sa tête qui oublie, sa tête qui est arrachée
Des fois, une parole, des cris viennent à son secours pour sortir de ses tuyaux
Pour trouver une sortie, sortir d'un piège, retrouver des amis et Némo
Elle se sent toujours coupable
Elle fait des choses dont elle se sent pourtant incapable
Elle voit des semblables mais elle s'est perdue il y a des années
Elle part dans des eaux noires, troubles, sombres, polluées
Elle veut de l'aide mais elle ne sait pas ce qu'elle cherche vraiment
Que ferait Dory ? Elle regarderait autour d'elle, elle verrait du sable doux, mou, reposant
Et dans ce sable elle verrait des coquillages au sol dessinant un chemin
Disposés par ceux qui l'aiment et qu'elle aime pour l'aider dans son destin
Et dans le noir elle verrait apparaître ceux qu'elle cherchait
Ses parents, sa famille tant aimée
Elle avait un problème Dory, dans sa tête tout était embrouillé
Mais avec courage et volonté elle y est arrivée
Elle a une façon particulière dans sa tête de penser ou de ne pas penser
Et elle est restée seule pendant des années
Tous les jours, son entourage disposait des coquillages pour la guider
Pour qu'elle retrouve un jour ce chemin oublié

Même si on oublie, si on s'oublie, on peut se retrouver
Moi je ne veux pas oublier mes petits, je sais comment j'étais et je veux les retrouver
Est-ce qu'elle avait prévu tout ça ?
J'pense pas, j'pense pas...
En tout cas j'ai pas vu de coquillages pour me guider
Juste un cétacé aux mâchoires affûtées.

En vie de fuir

J'ai pas envie ce soir de chercher dans les profondeurs de mes douleurs l'inspiration
J'suis fatigué, ça fait deux jours que je suis enfermé à faire du courrier, lire et de la réflexion
J'suis exténué de pensées
C'est le plus dur chez un prisonnier
Je regarde la nuit, elle est belle encore ce soir, trop belle pour croire que je suis là
Week-end terminé, y aurait tellement de choses à faire dehors et pourtant je dois continuer ce combat
Je regarde et j'ai beau espérer depuis tant de mois, dans ce béton j'y vois pas de fleurs
Toujours les mêmes journées, les mêmes nuits, répétées, tout en longueur sans odeur
J'ai pas d'inspiration ce soir pour produire
J'ai juste envie de crier et de fuir
J'suis pas à ma place ici, j'prends encore sur moi mais j'pense que c'est plus une étape de vie
J'suis pas dans mon élément, je mérite pas ça par amour, c'est fini, j'ai compris
J'ai de la colère et de la haine évidemment mais ça sert à rien
J'les garde pour moi, ça changera pas mon destin
Bien sûr il restera toujours de l'incompréhension, j'ai été considéré comme un animal

Bien sûr que c'est injuste car en aucun cas on a considéré mon état cérébral
C'est pas aujourd'hui que je vais changer certains jugements
C'est moi qui purge et qui vais en sortir avec encore d'autres pansements
J'ai juste envie de crier et de fuir
J'en ai marre de m'écrire
Essayer de me justifier, de me déculpabiliser ne sert à rien, ce n'est que répétitif
Toi tu dis que c'est comme ça mais je n'ai pas le même point de vue que celle qui tient l'objectif
Et puis même si jamais, qu'est-ce qu'elle va s'embarrasser à lire ces pseudos-poèmes
Sa vie elle en a vite fait une autre partition pour changer de thème
J'ai eu tout mon temps pour réfléchir et je crois vraiment avoir changé d'état d'esprit
J'aurais tellement envie de faire des milliards de choses qu'il va me falloir des milliards de sorties
Alors c'est vrai que quand je regarde en forçant ma vue d'aveugle, derrière ces murs tout en hauteur
Ben derrière j'crois quand même que j'y vois des fleurs
C'est clair que là j'ai envie de fuir
Pas pour les cueillir, juste les sentir
La vie a voulu me tester avec une dépression, j'ai récolté une séparation
Sans restriction, par amour j'ai eu droit à un bonus avec cette incarcération
À croire qu'il était plus facile de prendre un menu complet
Plutôt qu'une formule détaillée
C'est encore un texte à deux balles mais je n'ai aucune direction

On verra demain comment se déroule la journée, si j'ai un soupçon d'inspiration
Mais ça va, j'ai pas encore pété la durite
Y a des soirs encore où des absences m'habitent
Et je sais que quand je vais fermer les yeux je vais voir qu'ils me manquent et que je les aime
Qu'ils sont tous à la maison, ensemble avec des histoires, des regards, sans se soucier de mes problèmes
C'est pour ça que j'ai envie de fuir
Juste pour attraper des sourires
J'voulais pas dire que j'avais le cafard, juste qu'il était tard
Mais je ne peux plus me mentir, ils me manquent trop et je broie du noir
Parce que je les aime plus que tout
Parce que c'est ma vie, le reste je m'en fous
J'ai envie de fuir
Juste pour leur dire

                                                          30 septembre 2018

ENFANT DU SILENCE

J'ai l'impression qu'un train m'a percuté
Et que petit à petit je suis en train de me réveiller
Je m'assois à mon bureau, je sens que je vais encore finir à la bougie
Je vais laisser des ombres m'envahir et me promettre des jours d'envie
En ce moment avec mon travail je lis énormément, je me nourris de mots
J'essaye aussi à travers ces lectures de comprendre mes maux
J'ai travaillé avec mon psy mais je ne disposais pas des informations qui me concernaient
Il a fallu instaurer une relation de confiance entre lui et moi pour travailler
Ce monde où je m'étais enfermé j'aurais pu en sortir par la reconnaissance
La mienne ainsi que celle de la famille proche qui est restée indifférente, hostile, en toute ignorance
Difficile de vivre d'incertitudes, de peurs, de repli social, d'être un enfant du silence
Difficile d'éviter de poser des questions pour ne pas créer d'embarras et ne pas se créer ou attiser d'autres souffrances
Difficile quand c'est interne de sortir de ce que l'on se persuade être son destin
En ayant le sentiment de porter un déshonneur certain

Traumatisme familial pour un avenir incertain, vivre de cendres
Altérations d'un équilibre, enfants qui grandissent, fin de l'âge tendre
Des peines personnelles sources de douleurs et de culpabilité
Font que l'union de la famille se met à se dégrader
Quand mon silence a répondu à l'aveuglement des miens
C'était tout simplement fini, la dépression avait déjà programmé ma fin
La prise d'alcool en perfusion en devient un somnifère pour essayer de dormir
Ce même alcool qui en devient un jeu pour souffrir et mourir
Vaincre le sort en bravant le risque sur un plan vital c'est audacieux et affreux
C'est une mise à l'épreuve pour surmonter ce qui devient trop dangereux
Difficile d'avouer que la vie m'a marché dessus pendant des années
Et moi j'étais dans l'incapacité de me ramasser
Pourquoi me regarder sans compassion, avec dégoût en permanence
Alors que je souffrais aussi d'une injustice qui est le rapport entre les causes et les conséquences
J'ai cherché une reconnaissance de ma femme face à cette honte, ces peurs, cette culpabilité
Mais pire que tout cela, j'ai été abandonné
De recevoir une brique sur la tête je l'avais pas sollicitée
Jamais quelqu'un ne s'est demandé pourquoi une chose pareille arrivait
Maltraiter mon corps avec cet alcool était visible pour mes proches
Les yeux ils ne les avaient pourtant pas dans les poches

Moi, calme, convenable, aimant, face à cette inattention je me suis muré
L'alcool étant la fuite de ma réalité
J'voulais pas avouer cette dépression par peur et fierté
J'ai vécu à l'étroit et toute mon histoire est liée
Enfouir dans des coins inaccessibles de mon cerveau des traumas pour en faire poussière
Et à côté, courir à vider des bouteilles cachées plutôt que de vider ma misère
Au fur et à mesure que j'avançais, j'avais perdu confiance mais pire, je perdais conscience
La seule volonté qui me restait c'était d'en finir avec toutes ces difficultés et cette ignorance
En oubliant l'essentiel, vivant dans ce marasme d'alcool et d'insalubrités
Je me clochardisais
Coucher habillé, pas lavé, pas ou peu nourri
Déconnecté du temps, de la vie, de l'extérieur, vivant d'insomnies
Les oreilles et les sinus remplis de béton
Barre d'acier sur la poitrine et le teston
Tout mon intérieur était ratatiné, détérioré, brisé
Le noir venait m'inonder comme un cauchemar éveillé
J'étais un autre, ce n'était plus moi, quelqu'un d'autre avait pris mon esprit
Jamais je n'ai été aussi mal de ma vie
Parfois je me demande si elle a pas joué la comédie de l'innocence, de l'intolérance
Pendant que je faisais un pétrin de ma vie en mélangeant cette dépression à cette essence
Restait plus qu'à allumer par une séparation pour se retrouver en combustion

Et par des S.O.S. que j'envoyais, attiser la braise pour m'écarter de ses préoccupations
J'ai toujours marché droit, je ne voulais pas m'écarter mais personne ne me guidait
Qui comprendrait ce qui m'arrivait et ce qui risquait de m'arriver ?
J'ai été aidé par des personnes qui m'ont montré l'importance de mon traumatisme
Je doutais de ma réalité, j'estimais tout gérer par mon mutisme
Le pire c'est que j'ai fait souffrir celle que j'aimais
Pour une incompréhension on s'est mutilés
Le futur était mort, on s'est tués au présent
Et pourtant... et pourtant...
Le besoin de reconnaissance sera toujours présent car elle s'est trompée en me jugeant par l'ivresse
Car c'est la reconnaissance qui libère la parole et non l'inverse
Ma méfiance s'était aussi installée pour des raisons légitimes
J'ai reconnu mon traumatisme, ce qui m'autorise le récit que je fais en rimes
À me plaindre j'aurais paru lassant à mon entourage
Mais si on transmet son problème différemment on transmet l'espoir et le courage
Par l'existence et l'aide de la famille on peut le surmonter
Ma femme et mes enfants en étaient les spectateurs et les acteurs clés
Pouvoir analyser ensemble l'actif plutôt que le passif
Plutôt que d'écarter par dégoût, honte et sacrifier tout cet édifice
Cette aide, cette reconnaissance aurait pu être le signe que la vie a repris
Que la cicatrice n'est plus qu'une balafre amoindrie
Je lève encore les pansements de ma tête du bout des doigts

J'ai décidé de me battre, de combattre cette invalidité, c'est mon choix
Pour obtenir de mes enfants cette reconnaissance
Et ne plus vivre cette inconstance
J'avais une blessure, j'ai découvert qu'elle était profonde
Je la guéris, l'acte d'écrire me fait du bien et du mal dans ce monde
Je suis enfermé mais j'entends les bruits
J'entends, je vois, je sens, c'est ça la vie
C'est ainsi qu'il faut vivre
Et ne plus survivre

Gainsbourg a dit « J'ai tout réussi sauf ma vie »
Grand artiste, poète, mon but n'est pas de finir ainsi !

03 septembre 2018

FAUT QUE J'ME POSE

Je pense encore à toi en ce mois d'août
Tous ces instants tu as été présente avec tant de doutes
Mais faut que j'me pose
De toi je vais en faire une overdose
Faut que je me pose sans avoir peur du temps qui passe, de la hauteur
J'ai marché sur un fil, funambule de la vie, je veux plus d'apesanteur
Je veux enfin vivre tranquille dans mon imagination de gamin
Prendre mes légos et construire sans plan mon demain
Je veux vivre tranquille sans mon doudou, j'suis plus dépendant
J'ai même jeté ma tétine, fini de biberonner, on devient grand en marchant
Faut que j'me pose, je peux plus vivre à des années-lumière de ma vérité
J'suis pas à ma place dans cet espace, j'veux plus de ces cases isolées
Faut que j'me pose, ma piste est dégagée, j'suis plus hors de contrôle
Sortir mon train d'atterrissage, j'ai plus de bagages clandestins dans ma soute folle
Je veux vivre tranquille, sans tablier avec plein de gouaches
Sur la tête des gens dessiner des moustaches

Je veux vivre tranquille, pauvre ou riche, tout simplement
Mais millionnaire d'amour pour mes enfants
Faut que j'me pose, je ne veux plus être l'acteur qu'on voit sur l'affiche
Sans que personne ne se soucie de ce qui se passe en coulisses
Faut que j'me pose, j'ai tiré dans mon avion trop de plans sur la comète
Tu n'es pas de ma tête l'architecte
Je veux vivre tranquille, faut que tu sortes de ma vie, je n'ai que des problèmes
Reste loin de ma tête, tu as été trop longtemps la partenaire de mes peines
Je veux vivre tranquille et j'me dis que toi aussi tu en as envie
Je pense encore trop souvent à toi, je me dis que toi aussi
Faut que j'me pose, je me suis trop éloigné de moi
Faut que je réapprenne à remarcher sur mes propres pas
Faut que j'me pose, il me faut ma dose de bonnes choses
Ici on m'a menti, c'est pas une vraie maison close
J'veux vivre tranquille, pas en replay sur Facebook
J'préfère écrire un nouveau book
Je veux vivre tranquille, j'm'étais pas trompé, depuis le début c'était toi sur mon cardio
Par amour je vis avec le regard de ces barreaux
Faut que j'me pose, y veut être tranquille mon coucou
Si tu savais comme je t'aime, il est à bout
Faut que j'me pose, je suis encore parti sans parachute
Sans copilote j'pourrai pas éviter la rechute
Faut que j'me pose tranquille sans toi, t'es plus là
Sans boussole pour me guider, j'ai plus le choix
Pourtant j'aurais voulu me poser tel un papillon sur ta peau de miel
Mais faut que j'reste tranquille tu m'as coupé les ailes

Faut que j'me pose cela s'impose, longtemps, pas le temps d'une pause
Faut que j'me pose, je prendrai plus pour toi la pose, c'est pas une noble cause
Faut que j'me pose mais dans mon air ton parfum ne sera jamais oubli
Pourtant je t'aime Nathalie
Mais faut que j'me pose
Mon stylo me l'impose

                                                          19 août 2018

GYNÉCO DE LA TÊTE

J'suis allé voir un gynéco de la tête
Passer un monitoring pour voir si elle bougeait la bête
J'ai pas eu besoin de me déshabiller
Sur mon crâne ça a glissé
Voulait voir l'état du fœtus à l'intérieur
Il m'a juste répondu qu'il y avait un dur labeur
Il a pas voulu me passer d'échographie
M'a juste impressionné par les images en photographie
La gestation avait dépassé le terme depuis un long moment
Et ce qu'il voyait s'était développé anormalement
J'ai poussé avant de mettre bas, poussé plusieurs fois la porte
Pour me préparer à l'accouchement en quelque sorte
Non pas pour des séances de respiration
Mais plutôt d'expulsion en s'aidant de mes contractions
J'ai poussé la porte des semaines, des mois
Avec ce gynécologue un peu particulier des fois
Qui me disait à chaque rendez-vous « Allez, si on se remettait au travail »
Pourtant je ne sentais rien, il n'avait pas commencé, il n'était pas sur les rails
Petit à petit, à deux, nous sommes arrivés à faire tourner la chose
Qui avait muté pour m'injecter son poison, je risquais l'overdose

J'ai passé des moments de douleurs internes à me filer des cernes
Mais qui ne pouvaient plus rester coincés dans le fond de mon épiderme
J'ai accouché volontairement, naturellement mais difficilement
En ayant dépassé le terme, je n'ai eu besoin d'aucune péridurale ou autres éléments
J'étais pas allongé dans une chambre à la maternité
Avec quelqu'un pour me tenir la main à côté
J'étais même pas allongé à mon domicile
Ce qui aurait été plus facile
Dans la douleur, sans anesthésie, à l'ancienne
Assis sur une chaise, j'dansais pas les valses de Vienne
J'ai pas vomi, j'me suis pas fait dessus
Mais j'ai laissé des traces, ça fait mal au cul !
J'suis pas une femme, pour ça tant mieux déjà
Mais j'ai expulsé ce qui était en moi et ce fut un combat
Il est sorti un amas de trucs noir, mort, vivant, vide et plein
Il est sorti avec son aide mais sans qu'on me tienne la main
J'ai toujours assisté aux accouchements de nos enfants
J'voulais les voir venir au monde, j'l'ai fait en m'accrochant
En quelque sorte, si je résume, il fallait que l'on m'accouche
Ce qu'elle m'a proposé… que je découche !!!!
Maintenant tout va mieux, je pousse encore régulièrement cette porte
Pour évacuer quelques petits déchets et s'assurer qu'elle est bien morte

HISTOIRE DE GAULE

J'pourrais dire qu'à présent je respire normalement, l'air entre et sort pour oxygéner ma tête normalement
Mais il reste au fond quelques raclures que j'expulse en préparant mes ailes de cormoran
J'vais prendre le cap au ciel mais je ne suis plus ce cormoran, je suis un aigle et je vole plus haut que tous ces corbeaux
J'vais briser ce lien funeste avec cette prison, mes ailes battant l'air, ce jour il fera beau
Mais j'me rends bien compte rapidement que je reste ce cormoran, oiseau prieur au-dessus des merdes, bouffeur de déchets et vagabond
C'est trop, trop pour un seul homme qui n'a fait que l'inverse pour de bonnes raisons
Quant à cet amour, cet amour dont je ne sais plus rien de ce qu'il a été pour elle et moi
J'l'ai demandé en mariage, elle a accepté en étant contre mais elle voulait essayer une fois
Est-ce que je l'aimais vraiment ?
Est-ce qu'elle faisait semblant ?
Je ne sais même plus si nous nous aimions, j'me répète là-dessus, j'vais pas revenir
Moi je connais mon cœur, ce que je ressentais et j'suis allé briser mon avenir
Est-ce que jusqu'à la fin de mes jours je serai condamné à la solitude des draps ?
Est-ce que jour et nuit je devrai bander et pas plus que ça ?

La vie c'est pas l'avoir molle
Je regarde ces barreaux et le soleil se barre à l'horizon sans que je puisse mesurer la vitesse
J'me dis que c'est le week-end et que les gens vont profiter d'un beau coucher de soleil et vivre d'ivresse
Ce soleil que je veux toucher avec mes gosses car mon amour pour eux bafoue tribunal et jugement
Si j'avais été moins amoureux je serais avec eux en ce moment
J'en ai marre de ce troisième étage de béton et de fer, de cette prison qui devient un enfer
J'm'appuie à la porte, c'est le chien qui s'impose et pas le loup, une bête craintive nourrie d'ordures amères
J'veux en finir une fois pour toutes avec les souvenirs de cette taule, le seul présent ici est suffisamment semé d'obstacles
Tuer les analyses, la mémoire qui m'aspire à retrouver celle qui m'a fait un putain de tacle
Jamais je n'aurais pensé être là, dans une cellule de neuf mètres carrés, mes testicules posés sur une chaise, seul pour des failles
À 46 ans je pensais avoir fait le plus difficile et c'est à cet âge que les ennuis me prennent en tenaille
J'aurais pu rester à rien faire ici et attendre mais j'ai saisi les opportunités, je m'alimente au goutte à goutte de ces journées
Ce n'est pas de la patience qu'il me faut, j'en ai l'habitude puisque je rentre peu en contact avec l'oreiller
Tout ça pour une succession de catastrophes qui se sont abattues sur mon crâne et j'ai fait le plongeon
Dépression, séparation, taule et au bout du compte qui connaît la suite de cette immersion ?
C'est pitoyable un homme qui pleure on me l'a assez répété

J'enrage en m'apitoyant sur mon sort et ma dignité
J'ai failli faire l'irréparable
Je ne suis pourtant pas coupable et j'en suis plus capable
Parce que la vie faut pas l'aimer molle
La vie c'est avoir la gaule
Je buvais ma vie à la santé des sombres perspectives qui m'attendaient car je savais
Maintenant je mange en regardant par la fenêtre des bâtiments cette colline si éloignée
Je finis mon repas et je me lève... pour aller où ? Immobilisé au carrefour d'une porte !
Je lève ma tête et mes yeux butent contre ces murs, prenant peur ils font le tour sans trouver une faille pour que je sorte
J'y suis habitué mais y a de quoi devenir fou
J'y suis habitué mais y en a marre de ce trou
Si j'avais le goût du sommeil je me pieuterais une heure ou deux mais je ne sais plus ce que veut dire dormir
Je bâille, ma main va à la rencontre de ma gaule, voilà un moment que j'ai perdu même l'envie de jouir
J'm'attrape l'anchois tout ratatiné entre mes cuisses, il est à peine plus grand que mon petit doigt
Je convoque le visage de mon ex-femme et ses seins et je commence à le frictionner
C'est pas facile sur ce petit truc qui n'atteint pas sa taille suffisante et mes gestes sont maladroits
J'essaye de penser à d'autres femmes que j'ai sautées, il atteint une taille convenable mais un rien pourrait le perturber
Si je veux conserver cette raideur je dois coûte que coûte recourir à la retrouver
Au temps béni de nos ébats, c'est ce qui me fait encore le mieux bander
Ma main n'étant pas mécanisée, au bout d'un quart d'heure c'est peine perdue, encore une peine

Je pourrais me toucher pendant des heures qu'aucune jouissance ne viendrait couronner ma veine
C'est une femme qu'il me faudrait, et encore, faudrait l'aimer
Putain, pour l'instant je n'en ai qu'une et mon amour elle l'a broyé
Je regarde encore ce ciel, c'est ma manière de m'évader à moi
À présent je devine des espaces interdits, la liberté, tout ce que j'aspire à ce que je n'ai pas le droit
On continue cette histoire de gogole ?
J'm'en branle, ça me donnera peut-être la gaule
Qu'est-ce que je peux inventer pour me déculpabiliser, j'aurais beaucoup à dire mais j'me la joue bon camarade
Que faire devant l'adversité de ce monde ? Gueuler et cogner, c'est ça la parade ?
Moi d'une éducation de fer rendu plus docile qu'un domestique comment donner libre cours à cette fureur qui me ronge le sang ?
Comment ne pas avoir la haine contre celle à qui j'ai tout donné et qui me fout dans la merde sans connaître ce que j'avais dedans ?
Un soir de plus où des groupes de rap tonitruant de ce quartier s'invitent dans les couloirs pour des concerts de masse
J'ai les tripes douloureuses en me demandant encore et toujours où j'ai posé ma carcasse
Il est impératif que je fasse le vide de ma tête, c'est une autre paire de manches
Comment se la vider la tête, je crois même que j'en suis dépourvu et elle n'est plus étanche
Depuis le temps du bavoir jusqu'à ce jour rien ne m'a pénétré sans dommages lourds
En étapes successives la vie s'est étirée à m'alourdir en me pesant plus chaque jour

Et à force d'expériences à encaisser on m'en offre une nouvelle
Je pense pas que ce lieu à l'origine était apte pour une dépression pareille
La vie c'est pas la taule
La vie c'est la gaule
Allez on continue sur la route du taulard ?
Moi j'm'en branle même s'il est tard
Entre nous deux il y avait un lien mais ça signifie pas grand-chose
Il y avait une habitude de l'autre qui rend la vie un peu en osmose
Elle a décidé de tout foutre en l'air
Pour l'alcool sans regarder derrière
Je devais marquer mal à vieillir
Mais je pense qu'elle se prenait la tête pour son avenir
Je vivais dans l'obscurité du jour, la pente glissait et sans m'en apercevoir j'étais délaissé
La voix du corps de mon corps me disait que j'avais dû être mort avant d'être moi
Au moins tout ce qui m'arrive ne serait pas arrivé
J'ouvre les yeux sur mes larmes, je tends les mains au ciel
Façon de fuir et de prendre à témoin les dieux qui veillent
Il faudrait que je m'absente des tours et détours de mon cerveau, de ce qui me tord
Que je m'éclipse au moins quelques heures, sortir de ce corps
Il me faut ma Ventoline, des nouvelles de mes gosses, j'suis en crise
Je peux pas m'arrêter d'y penser, ça m'épuise
J'avais pas le droit d'être faible mais j'étais à bout, il y a des années que j'avais jeté l'éponge
Mais après tout, il vaut mieux chialer et évacuer ce qui me ronge

C'était affreux d'être immobile lorsque tout bougeait, se tordait, s'envolait, se baisait dans cette vie
Affreux de ne pas en avoir le goût, le goût de l'envie
Que vais-je devenir après cette étape d'incarcéré ?
Question redoutable pour une carcasse qu'on a marginalisée !
Frappé au fer, ayant atteint et même dépassé une date de péremption par une femme qui condamne aveuglément
Qu'est-ce que j'ai fait pour être traité comme ça, j'ai eu une saloperie seul, j'ai trop bu car la machine s'était arrêtée brutalement
J'ai toujours bossé sans me plaindre, je ne la trompais pas, je l'aimais
Je me retrouve au chômage et la chanson n'était plus la même qu'elle chantait
Je buvais car il y avait aussi un sentiment de culpabilité
Je buvais parce que ça faisait un moment que j'étais mis de côté
Je parle même plus de mains mais de corps qui se collent
De ce qui file la gaule
Il n'est rien qu'un corps pour réconforter au fond duquel on puise une maigre jouissance
Une minute, dix secondes de plaisir intense
Une minute, dix secondes qui sauvent et nourrissent, qui donnent un mois ou deux d'avenir à un corps malade, qui n'en peut plus
Je voudrais au moins une fois n'en faire qu'à ma tête et partir
Mais je dois attendre et écrire des putains d'histoires
Pauvre conne, t'étais ma mer d'ivoire !

28 septembre 2018

Hurler

J'ai pris le temps de m'asseoir et de contempler le bordel dans ma vie
Putain c'était agité, j'souffrais, je dépérissais sans savoir ce qui m'y avait conduit
J'suis qu'un gosse qui jouait au dur alors que j'avais envie de chialer
J'trompais ma famille pour essayer de me convaincre je m'anesthésiais
J'ai grandi en taule, j'ai quitté mon enfance à 46 piges même si cette vie était une danse
J'peux plus faire semblant, y a des choses qui valent le coup, la vie elle a un sens
Mon but ne sera jamais d'aller dans l'espace, d'être un surhomme ou un aventurier
J'suis pas doué de capacités hors normes, j'suis moi avec rien de particulier
Alors je me fixe comme objectif de continuer à remplir ces feuillets
Et comme je suis tordu j'essaye de tout faire rimer
Si je ne pouvais plus écrire
Je crois que maintenant j'pourrais plus aimer
Je ne pourrais alors que souffrir
Mes mots sont comme moi, enfin libérés
Je me suis vautré lamentablement une fois, j'ai des remords mais j'veux pas de regrets avant de mourir

Parce que dans ce monde y a des choses qui valent la peine de vivre
Je sais qui je suis, pauvre sentimental aux pensées d'amour, de beauté
Il faut me comprendre, pour une femme j'en avais sacrifié ma liberté
Je ne suis même pas sûr de tout comprendre en me lisant
J'ai beau me concentrer, l'essentiel s'envole et laisse s'évader mon palpitant
J'suis libre depuis deux jours et mon voyage solitaire est toujours ressemblant
Chienne de vie, chienne de maladie où la place n'est même plus aux sentiments
Toujours écorché, coupable, victime, acteur aussi
J'ai juste envie de hurler
À cette catin de vie, à cette chienne de vie
J'me retiens encore ce soir à hurler
À quoi mènent ces monologues sans fin
Ma réalité est vaine pour eux, ils n'y connaissent rien
Abandonné, j'ai juste envie de hurler
Mes sens en éveil, j'ai le diable au grenier
Seul j'ai dû affronter, seul j'ai vécu mon insécurité
Si on avait partagé ensemble jamais je n'aurais tant souffert pour me libérer
Je suis fier de mes pensées, de ces mois en tant que prisonnier
Je me fous des jugements, de ce qu'on peut penser
Cette incarcération a eu une utilité dans ma vie
Nathalie, toute ma vie je lui dirai merci
Oui j'ai envie de hurler
Mais je n'ai que ces mots et ce papier
Et faut que je fasse attention car en ce moment je me relâche

Alors que mon esprit rêve de gambader dans ces plaines tel un apache
J'ai juste envie de hurler
Parce que le silence intérieur n'est plus nécessaire
Parce que je n'ai plus envie de me taire
J'me fous d'avoir été emprisonné, j'me fous de savoir de l'endroit où j'écris
Parce que j'ai enfin le pouvoir d'aller sans encombre dans ma tête et mon esprit
J'ai juste envie de hurler
Dans l'urgence de cet amour imparfait
Vide et encombré, j'ai mis de l'ordre à l'intérieur
Attraction du cœur, j'aimerais resonner à l'extérieur
La mort ne m'effraie plus ce sont les absences qui font mal
Mes gosses me manquent, ma famille, j'ai le cardio en bataille
Hurler, hurler
J'ai juste envie de hurler
Quand le soir la rage monte en ayant des souvenirs de toi
Et que tu es seul pour de tristes choix
Dans une spirale emportée au fond
À se dire « putain que t'as été con »
J'ai juste envie de hurler
Mais je n'ai que ce papier de phrases pour m'exprimer
Des mots écrits qui ne sont pas toujours ma première volonté
Des mots si difficiles que je n'osais employer
Pauvre type avec son mal intérieur que j'aurais voulu qu'on pénètre
Voir au-delà, en dedans, chercher ce qui peut paraître
J'ai juste envie de hurler
De cracher à la gueule de ce monde, d'aimer parce que j'en ai envie

Même si je suis tombé, même si j'ai eu mal, l'amour c'est la vie
Enfin... ça l'était
Pourtant il aurait peut-être fallu d'un rien
De petits bouts de rien qui font des tous
Un grand tout ou rien ne rime à rien
Si personne n'est à l'autre bout
J'ai juste envie de parler
Simplement sans hurler

                                                        31 octobre 2018

Indiana Jones

Ma réponse a été notifiée par des souvenirs inconscients que je conservais
J'ai essayé seul de délier, de démêler ces nœuds et rassembler
Pourquoi j'en parle encore, le rideau est tombé
Peut-être parce que c'est le week-end et que j'ai du temps encore à tuer
Peut-être que j'ai encore à déverser et que j'ai du mal à trier
C'est ma tête qui avait déserté et pris le maquis avec l'alcool
Dans cette garrigue, seul, c'était vraiment pas drôle
Elle était ma chance, mon souffle et je l'ai peut-être pas vue
Comme mes enfants qui étaient le but de ma vie, je suis à présent nu
J'en suis réduit à faire le paléontologue de ma tête
À creuser dans les profondeurs, voyager dans le temps, chercher des amulettes
Y a rien de marrant de vivre le présent entre des déformations ou reformations d'un passé
Et des ébauches imprécises d'un avenir sans aucun vrai projet
Entre hier et demain mon cœur tremblant
J'oscillais ma chute hors du temps
Muet de mots d'espérance dans une douleur dévastatrice et intense
Quand tu perds la boussole de la tête tu perds tout sens

Alors j'fais l'Indiana Jones pour découvrir les raisons de mes absences
Trouver ce qui en a donné naissance
J'fouille, je creuse car le visible ne suffit pas pour comprendre ce qui est vu
Faut dépoussiérer, s'approcher, passer la tête par-dessus, dessous pour voir l'inconnu
Seul ou parfois accompagné je déterre, j'exhume, je panse et je pense
Ces années abominables de souffrances
Elle après tout j'm'en branle, elle mène sa vie mais faut réparer les erreurs
Qu'est-ce qu'elle connaît de moi, de mon mal intérieur ?
Bien sûr que je lui ai dit ce que je voulais dire, pour tenir sans m'apitoyer évidemment
Mais il y a tant de choses que je n'ai pas dites parce que je ne savais pas les dires tout simplement
Qui aurait pu comprendre mon besoin de remplir le vide, le silence
J'ai donné forme à ma colère en buvant pour ne pas affronter des absences
Comment partager à ce moment de ma vie toutes les turbulences de mon cerveau
Qui me tordait le ventre quand tout s'effritait autour de moi, où trouver les mots ?
Moi j'l'aimais, ce n'est pas les liens avec elle qui se distendaient
C'est moi et ma vie qui ne me laissait pas de répit pour évacuer
Serait-ce pour me venger et brûler mon chagrin contre le ciel
Que je m'assassinais le cœur de débris de verres et de bouteilles ?
Ça me paraît à présent invraisemblable

Tout ce qui s'est passé est stupide et incroyable
Une séparation pour avoir trop taquiner la gourde
Qui cachait une dépression lourde, elle a commis une bourde
Mais comment expliquer cette tragédie de vie, cette dislocation intérieure
Alors que moi-même je me refusais à l'idée de l'être par peur
Alors j'fouille, j'démêle les nœuds, les fils, le cordon
Je cherche les bouts de ces enchevêtrements qui ont brouillé les projets d'une union
Elle a décidé d'être libre, de rompre pour se libérer
J'suis prisonnier mais indirectement je l'ai choisi, c'est avant que je l'étais
Alors je gratte pour que ça sorte parce que je crame dedans, je flambe
Doucement j'explore en ayant le cœur fidèle, sans plus me faire de croc en jambe
J'oublie, j'espère, tout se mélange encore, je l'aimais elle le sait, je lui ai juré
Mais il aurait fallu comprendre ce qui s'est passé
Écouter, rassurer, aider, juste toucher du doigt
Plutôt que je ne me fracasse le foie
Alors ici encore je creuse
Là-bas elle est heureuse

09 septembre 2018

Indigent

J'pouvais pas appeler une aide que je savais plus ou moins pouvoir venir de moi-même
Depuis longtemps j'avais dépassé le stade de la douleur, ma tête frappait dans un désert à problèmes
Le vide, un vide parsemé d'alcool et de mégots, comme une porte qui se claque et qui fut encore une douleur
J'ai pourtant tendu la main, mes doigts dans les poches, les phalanges désarticulant ma mémoire, j'ai eu mal au cœur
Une femme que j'ai aimée plus que tout qui n'a pas voulu aller plus loin dans les mots de notre vie
Parce que l'homme avait trébuché de son tabouret et qu'il flottait sur un fil où il était assis
Indigent de bonheur
Indigent du cœur
J'étais l'oiseau mazouté dans sa marée noire depuis des années qui se ramenait tout à son rivage plutôt qu'au large
J'avais pourtant toute autre ambition mais j'étais rongé, je n'avais plus de courage
Ici, seul dans un camp de concentration, je vis les corps scarifiés, je vis le charbon
Je vis les cris, je vis la violence, je vis la céramique, je vis la sueur, je vis la prison
J'écris l'amour d'un homme à une femme qui m'a menotté sans se retourner, des cheveux dans les yeux

J'écris les cris et les appels au secours poussés dedans et dehors qui m'ont marqué de bleus
Tous les soirs j'écris comme un dernier souffle car j'en peux plus de mourir chaque nuit et d'essayer de retrouver la paix
Car j'en ai marre de me torturer seul, sans explications, sans pouvoir me justifier
Des mots d'excès, des choses déjà dites pour une femme que j'ai l'impression de ne plus connaître
J'aperçois encore ses yeux, je sens encore le sang de son cœur à mon cœur mais j'arrive plus à la remettre
J'me roule une clope, et chaque taffe je l'emmagasine comme s'il fallait qu'elle reste au fond de mon corps
Ouais, c'est une mauvaise chose, une foutue mauvaise chose de ne pas avoir mis les mots avant dehors
J'me couche en fermant les yeux et quelquefois je me repose sur un autre lit où j'ai pu être heureux
Dans une autre chambre et le souffle d'une femme aimée qui observe mes yeux
Je n'en rêve pas toutes les nuits mais il m'est arrivé quelquefois de la chercher au réveil
Certitude de l'absence qui me revient parfois dans mes sommeils
Indigent du bonheur
Indigent du cœur
Changer le courant sous les coups de butoir contre ses portes, seul devant un miroir
Tenter d'apprivoiser ce mal, changer quelque chose à cette image si noire
Cet homme que j'ai vu mourir devant mes yeux parce qu'elle n'a plus voulu y voir son supplice
L'occasion en taule de changer le sens des planètes, l'avenir en suspension dans un ciel de pisse

Ce que je savais je l'ai vomi dehors et à l'intérieur de mon propre corps
Ce que je devais au diable peut-être le jour de ma mort
Pourquoi cette attente, pourquoi ce mutisme, pourquoi cette maladie ?
Pourquoi se souvenir de phrases, de mots, de faits, d'objets d'une vie ?
J'avais de l'éther dans le cerveau, trompe-l'œil qui parcourt le corps pour le cramer
Mais au fond de moi elle pouvait lire, mes yeux reflétaient la réalité
Indigent du bonheur
Indigent du cœur
Mon corps de funambule a été en équilibre sur un fil puis sur un fil de fer barbelé, j'étais à l'intersection
Les yeux perforés j'ai observé les fous et ceux qui ne le sont pas, il fallait prendre la bonne direction
Comprendre que dans ma main il n'y aurait plus de mains
Dans la rue des paumés j'ai dû faire mon chemin
J'ai pas changé le plomb en or, j'ai fait d'énormes efforts
Plongeant et remontant dans un combat inégal à mon corps
Je n'ai plus fui, l'affrontement fait toujours couler, on en ressort pas indemne
Comme si j'avais fait un pacte, une alliance, seul, fallait régler mes problèmes
Indigent du bonheur
Indigent du cœur
Reposer ses pieds au sol, la tête en place en vivant dans le carcéral
Vivant dans ce monde hostile où ces mots, mes mots sont devenus mes balles
C'est quand on ouvre les yeux qu'on se sent seul, qu'on se dit que ce voyage on l'a fait seul

C'est là qu'on est baigné de colère parce qu'avec une main j'en aurais pas pris tant dans la gueule
Le temps n'est plus aux anges, il est au démon, la prison sur un lit de poussière
J'en ai fini de dérouler mon existence plantée sur ce plafond dégoulinant d'étoiles de misères
Je pense à ces supplices, conscience et inconscience d'un corps qui était toujours sur la face nord
Je pense au trajet dans lequel je me suis cherché, perdu, échappé pour éviter un autre sort
J'pense à cette gonzesse avec le regard borgne dans sa lune
Je pense à ces mecs dans leurs cellules qui en ont plein les burnes
La dépression, la taule, j'arrive sur le chemin de la sortie
Mais j'ai une autre maladie dont jamais on ne guérit
Ce que je réalise ici avec ces cloisons
Ce que je réalise d'avoir aimé comme un con
Indigent du bonheur
Indigent du cœur

22 octobre 2018

J'AIME PAS LES VOITURES

J'aurais peut-être dû réfléchir avant de prendre cette route
De ma vie je me suis retrouvé à contresens sur cette autoroute
J'ai jamais aimé les voitures pour moi elles ne sont qu'utiles et pratiques
Mais quand tu en perds le contrôle ça en devient de la gymnastique artistique
Carrosseries extérieures un peu rayées, quelques coups d'usure
Le moteur subissait parfois quelques coupures
Au volant j'étais seul dans cet habitacle
À emprunter cette route noire encombrée d'obstacles
J'étais pas sûr de moi, depuis longtemps je n'avais pas de contrôle technique
J'étais bloqué au volant avec une putain de boîte automatique
Le paysage défilait à mes yeux à une vitesse folle
Des pédales j'en avais perdu le contrôle
J'ai roulé, des années sans aucune assurance
Et que le moteur ne fume pas trop, j'avais fait un mauvais mélange
J'roulais sur la route de l'ennui
Sans contrôle, sans permis
Je ne connaissais plus aucune limitation
Mon compteur j'en faisais abstraction
Je me suis arrêté plusieurs fois des aires

Pensant me détendre et reprendre un peu d'air
Avant de reprendre ma chevauchée héroïque
Au volant de cette vieille machine qui n'était plus que symbolique
Je remettais plusieurs fois le contact pour repartir
Peut-être un défaut de batterie pouvait me nuire ?
Avec instance j'ai regardé sous le capot
N'y comprenant pas grand-chose en mécanique, j'y ai foutu des coups de marteau
C'était reparti mais je n'avais plus confiance
Je conduisais les mains incrustées dans le volant, tremblant, sans aisance
Cette route devenait de plus en plus noire, difficile d'y voir au loin
J'allumais mes feux de croisement, mes pleins phares pour y trouver mon chemin
La pluie s'invita, suivie aussi de l'orage
Je commençais à en perdre le contrôle par quelques dérapages
Le pare-brise n'était plus qu'une piscine
J'actionnais en vain les essuie-glaces tel un recours ultime
Rien, plus rien ne fonctionnait normalement
Je regardais mon tableau de bord, les voyants étaient tous rouge sanglant
Je roulais vite, trop vite
Dans cette carcasse que j'habite
Le moteur chauffait dû à un manque de refroidissement
Ma direction assistée me faisait faux semblant
Seul l'autoradio fonctionnait normalement avec le même refrain
Un vieux Renaud, plutôt renard : « ma gonzesse celle que je suis son mec », ambiance chagrin

J'appuyais de tout mon poids sur la pédale de frein pensant déclencher l'airbag
Rien ne marchait, j'étais dans une machine infernale à pomper dans le zig et le zag
Je ne pouvais même plus m'arrêter au péage
Tout explosait, même les barrières à mon passage
Cette voiture avait-elle une âme ? Était-elle possédée ?
J'étais pourtant garanti de l'occasion, de la fiabilité
Dans la boîte à gants j'avais tous les carnets de révision
Mais un détail ne correspondait plus, la plaque d'immatriculation
Une doublette peut-être car elle ne correspondait plus à ce qu'elle était
Et je me retrouvais là, sans aucune sécurité
Je filais dans des tunnels sans lumière, dans l'obscurité totale
Guidé par une simple envie de survie, un instinct vital
Jour, nuit, jour, nuit
Je n'avais plus qu'une solution, rouler à vider le réservoir
Il fallait que je contrôle jusqu'au bout, c'était mon seul espoir
Je ne comptais pas sur la surchauffe ni sur l'usure de mes pneus
Mais j'ai éclaté un pneu, puis deux et j'suis parti en tête à queue
Aucune barrière n'était présente pour stopper cette course folle
Mais je parvins encore à redresser ce qui était devenu à présent un tombeau sans pneu
J'évitais ce que je croisais, je ne respectais plus les distances de sécurité
Et j'ai compris que c'était la vie qui me doublait
Par un geste que j'aurais dû faire il y a bien longtemps, j'ai appuyé sur le warning
Tiré fortement le frein à main

En glissant longuement jusqu'à un parking
Je me suis fait peur tout seul, j'ai failli ne plus voir de lendemain
Toujours seul, sans assistance, j'ai appelé un docteur en automobile
Un dépanneur en civil qui a fait rapidement une expertise subtile
Toutes les commandes manuelles étaient hors service
Pire ! Le cerveau moteur avait subi trop de supplices
L'échappement était complètement obstrué
Il y avait urgence à m'arrêter
Le verdict fût rapide, passage au marbre dû aux nombres chocs
Rééquilibrage et changement des pare-chocs
Courroie d'admission et distribution cassées, piston et carburateur rayés
Beaucoup de travaux, heures de main-d'œuvre et autres banalités
Cette caisse c'est ma tête
J'suis au garage, rénovation complète

Cette voiture vous l'avez prise maintes fois avec moi
Je vous ai jamais planté dans le décor
J'ai toujours essayé de maîtriser par des efforts
Seul encore j'ai remis un nouveau moteur qu'est ma foi et j'y crois

Je reprendrai la route avec ma berline moins fragile
Je roulerai doucement pour apprécier le paysage
Quitte à me faire flasher à 10 km/h avant le péage
Mais je ferai plus de course dans ce genre d'automobile
J'suis pas un pilote de course de côte
J'ai joué avec la vie sans co-pilote

Prendre le volant en étant malade
C'est risquer sa vie et en être coupable
Peut-être que si tu avais été à mes côtés durant ce long voyage
Tu m'aurais guidé et j'aurais été avec moi plus sage
Je vais prendre le temps d'ouvrir même les fenêtres
Mettre le coude dehors et la main pour sentir l'air qui pénètre
Mettre un bon CD de ce vieux Bob Marley
Un vieux sapin perché pour parfumer
Ça fait un peu ringard, je sais
Mais j'suis plus un toquard tu sais
Je ne serai jamais Hamilton, Vettel ou Grosjean
J'suis maintenant Vincent
Avec toi aussi j'aurais dû réfléchir avant de prendre la route
Parce qu'on jette pas les gens comme ça sur une portion non sécurisée
T'as pas eu la moindre compassion, ni doute
Tu m'as laissé quitte à ce que je me fasse écraser

Roule bien dans ta nouvelle vie
Va pas trop vite, prends le temps, apprécie
Il est clair que pour toi je ne ferai plus une course
Tu m'as niqué les bourses
Mais je garde la vie

De ma vie je n'avais simplement plus les clés
Cette lecture dans cette voiture vous a plu ? Ce n'était que mon côté obscur
J'suis allé voir un bon serrurier qui ne m'a pas refait de clés
Il a juste changé la serrure, la serrure du futur !

J'DESSINE DES MOTS

Ici il n'y a pas de cloches (à part moi) pour annoncer l'heure, ni demain
Le temps s'écoule dans mon sablier géant lentement grain par grain
Souvent comme ce soir je me réveille en pleine nuit
Aux barreaux penché sur le bassin des crocodiles je fais la vigie
En guettant l'horizon je cherche un reflet derrière ces murs trop hauts
Puis j'attrape mon stylo pour consigner quelques mots
D'un coup paf ! J'te lâche une métaphore où j'suis dans les étoiles et plus en chien
Si je dessinais je ferais une maison, des arbres, une famille, un clébard, un chemin
J'habite à présent un autre monde, un simulacre de la réalité
Mon sésame est ces écrits que je déverse en confiant des secrets
Je ne peux pas oublier mon passé, mon amour, mes enfants, ma vie d'avant
Ce dessin ne sera jamais terminé pour qu'autour j'y sois présent
Je le grabouillerai en noir, si j'y étais j'y rajouterais des couleurs
J'aurais des feutres et des crayons pour y apporter un peu de chaleur

Pourquoi chercher ce reflet ? Pourquoi ce stylo et ce papier ? Pourquoi à présent cet amour me hante plus que d'autres souvenirs du passé ?
Peut-être parce qu'il s'est consumé sans que je m'en aperçoive, pas comme je le voulais
J'ai assisté à sa dilapidation. Coupable ou pas, qui des deux le sait ?
Était-ce moi ? Dans quelle mesure cette dépression m'avait rongé ?
Était-ce moi ? Dans quelle mesure mon destin a-t-il pu autant évoluer ?
Je ne vivais pas au présent, au futur rarement, au passé uniquement
De ma vie je gommais les aiguilles du temps
J'ai vidé mon sac de billes, j'ai pas triché, le fond n'est pas si mauvais
Des confessions, des résolutions, des réponses, des interrogations m'ont délivré
J'avais une culpabilité rageuse qui me tenait, j'voulais m'enfuir en buvant pour oublier
Ma vie s'apparentait à un monde qui n'était pas le mien, comment l'expliquer ?
J'aimerais avoir cette boîte de crayons pour reproduire un ancien bonheur
Ici le monochrome se décline sous différentes nuances, c'est l'unique couleur
Le soir un grillon vient rompre ce silence et me chante qu'il aime
Mon cœur aime lui aussi mais ça ne changera rien au problème
Parfois c'est aussi une étoile filante et ce vœu j'en fais le même

La nuit avance et je ne peux toujours pas dessiner sans mes crayons aux mines qui aiment
J'suis seul, j'étais seul dans mon moi avec mes émois qui me traumatisaient
Je n'osais pas les partager, aurais-je pu ? M'aurait-on écouté ?
Ma vie était provisoire, plus rien n'avait de consistance, même infime
Je bivouaquais dans ma tête avec une caméra intime
Livré à une fatigue poisseuse je stagnais avec une mauvaise odeur
Comme une attente, une attente qui n'était jamais à l'heure
Mon mutisme, ma sensibilité m'isolaient et j'offrais une rudesse de soûlard pour cacher
Cette tricherie avec moi-même et ma famille est le plus lourd à porter
Ce malaise récurrent sans issue puisque rien ne ressortait en surface à part l'alcool
J'aurais voulu qu'elle lise le reflet de mon âme, de mon cœur dans leur course folle
Boire pour fuir et prendre le large car je me sentais à l'étroit dans mon enveloppe de peur
Mes mots la dessinent encore, de face, de profil, je fais le contour sans couleurs
J'voulais pas qu'ils subissent encore moins qu'ils compatissent mais qu'ils comprennent
J'aimais être mari et père, tenir mon rôle jour après jour mais j'avais ce problème
J'ai maraudé dans les marécages de ma vie et je me suis fait expulser
Parce que j'en suis convaincu, de la norme sociale et morale je n'étais plus l'exemplarité
Je l'ai subi des années, je ne connaissais pas la chronologie de cette dépression

Ce fut un son et lumière à la fin et j'ai pas pu isoler mes émotions
Peur d'un futur, d'un grenier avec des vestiges entassés en désordre
Je dessine avec mes mots tous ses éclats qui auraient pu me mener à une corde
Ce qui m'importe à présent est de renouer avec le moi d'avant ce passage
En regardant ce ciel étoilé je cherche mon âme à travers quelques nuages
Les mêmes étoiles, le même ciel que nous regardions
Je suis en prison, toi ailleurs, c'est la confusion
Les nuits sont plus fraîches en cette arrière-saison
J'mets un T-shirt pour écouter le silence, le chant du grillon
J'en mène pas large où je suis mais faut que j'm'évade
Une force m'y pousse et rien ne m'en dissuade
J'prends pas ce lieu en grippe, j'suis bien, j'suis mieux
J'dessine une vie, des envies sans crayons, comme je peux
J'dessine des mots, la nuit je m'enfuis en écrivain
Pas de quartier pour cet amour qui ne ressemble à rien
Un amour majuscule pour moi, qui régule ma vie de néant intérieur
Je l'ai cru avec ma foi de jardinier au milieu de cette fleur
Elle règne toujours dans mes fabulations nocturnes que je dessine
Ces mots qui ne serviront à rien, ces mots pour lire et écrire me minent
J'aurais pu aussi bien être dans un asile
Et le sentiment qui me domine est celui de l'exil
J'ai été infidèle envers moi et ma famille en ne sachant m'exprimer
Quand je sortirai pour ne pas ressusciter ma chute je pèlerinerai

À la recherche d'une boîte de crayons aux mille couleurs
À la recherche d'une boîte de crayons aux mille bonheurs
La taule j'm'en remets, on se remet de tout quand rien ne comptait avant, quand rien ne comptait plus
Mes nostalgies sont pour l'heure les seules oasis dans ce désert où mon cœur traîne sa mue
Il est à bout de souffle et tire un gros coup de blues quand je revois l'image de mes enfants
Je dessine en écrivant pour connaître les réponses aussi
Qui décide de quoi et selon quels critères de vie !
Je n'ai pas renoncé à la quête du bonheur avec mes propos
Je ne suis pas sûr non plus d'avoir tout perdu sinon j'aurais déjà jeté mon stylo !

                                          11 septembre 2018

JE SUIS UNE BOUGIE

La bougie n'éclaire que celui qui la porte
J'ai pu retrouver la force dans mes yeux pour ranimer la flamme qui désormais me porte
J'ai décidé de ne plus vivre comme une statue de cire
Mon musée Grévin j'ai décidé de le quitter et d'en partir
Je ne me consumerai plus bêtement
Posé dans un angle en ne recevant que poussières pour ornement
Je ne suis plus la simple mèche
Trempée dans du pétrole
Ou de l'alcool
Qui dégage une fumée noirâtre et sèche
Je ne suis plus une lampe tempête
Agitée par des vents d'ouest en est
Me guidant moi le manant
Moi l'homme aimant
Je ne suis plus une lampe de poche
Qu'on sort quand EDF cloche
Alimentée par une vulgaire cinq volts
Que tu dégaines tel un colt
Pour te guider dans des combles ou un grenier
Pour réveiller de vieilles araignées
Je ne suis plus ce néon grésillant
Rempli de gaz qui n'a plus rien de fluorescent
Diffusant une lumière artificielle

Modifiant mon regard du naturel
Je ne suis plus un projo à capteur
Suspendu au cœur d'un mur en hauteur
En apesanteur
Attendant mon déclenchement à toute heure
Je ne suis plus un halogène
À variations suivant ton soleil
Variations de lueur
Variations d'humeur
Je ne suis plus un phare
Isolé dans une mer noire
Guidant des matelots à un comptoir
De zinc pour s'abreuvoir
Je ne serai jamais un interrupteur
À utiliser à l'œil et au majeur
Selon les désirs et les heures
Car j'ai coupé le compteur
Je ne serai jamais ton va-et-vient
Un jour oui, non le lendemain
J'suis pas un clignotant à ton chemin
Ni un warning humain
J'suis pas une lampe à insectes
Qui grésille dû à des vols secs
D'un corps devenu grillé comme un steak
Qui ne verra plus la Mecque
Je ne serai jamais une lampe matraque
Que les condés sortent pour leurs attaques
Pour te foutre des coups dans la rate
En éclairant bande de corbacs
J'suis pas un cierge
Et t'es pas la Sainte Vierge
Mon cierge c'est ma verge
Je l'offre pour qu'il converge

Je suis la bougie qui m'éclaire
J'ai trouvé l'étincelle à ma mèche
Afin de guider mes yeux à voir plus clair
Ma combustion est forte, lente et sèche
Je diffuse un doux parfum d'envie
Qui enivre la vie
Et dans l'air une danse de fumée
Sur un air de Vianney
Je ne suis pas de cire
Je suis juste mort de rire
Avant que je me tire
Je tenais à vous l'écrire
Car je suis pas prêt de repartir
Ouais j'suis revenu et j'suis bien pire !!!!!!!!!

JE T'AIME

Je t'aime, je t'aime pas
J't'aime pas parce que c'est comme ça
J't'aime pas parce que t'es pas comme ça
J'sais pas je sais que je ne sais pas
J't'aime pas parce que je t'aime
J't'aime parce que j'ai la haine
J't'aime pas parce que t'as pas su me lire
j't'aime parce que j'ai pas su te dire
J't'aime parce que je souffrais
J't'aime pas parce que je prenais du plaisir
J't'aime pas parce que je te désire
J't'aime, j't'aime pas
Quel horrible choix
J't'aime, j't'aime pas
Pas si facile que ça
J't'aime parce que tu m'as jamais aimé
J't'aime pas parce que moi je t'aimais
Je t'aime parce que t'as rien compris
Je t'aime parce que c'est pas un délit
Je t'aime parce que c'était pas mon idée
Je t'aime parce que j'étais pas ton projet
J't'aime parce que j't'ai perdue
J't'aime parce que de t'aimer j'en suis plus convaincu
j't'aime parce qu'on s'aime plus
J't'aime parce que j'aime l'inconnu

J't'aime, j't'aime pas
C'est mon cœur qui sait pas
J't'aime, j't'aime pas
Me casse les couilles celui-là
J't'aime pas parce que tu es formidable
J't'aime pas parce que tu n'as pas accepté que j'sois malade
J't'aime pas parce que je te trouve belle
J't'aime pas parce que je te trouve sensuelle
J't'aime parce que tu es cruelle
J't'aime pas parce que dans mon cœur tu es immortelle
J't'aime pas parce que je te connais
J't'aime pas parce que tu me connais pas
J't'aime parce que t'as rien vu en moi
J't'aime pas parce que j'ai froid
J't'aime pas parce que je croyais en toi
j't'aime parce que je m'aime pas
J't'aime parce que je suis seul
J't'aime parce que j'en ai fait le deuil
J't'aime parce que je pleure
J't'aime pas parce que t'étais pas à l'heure
J't'aime, j't'aime pas
J'vais pas éplucher une marguerite
J't'aime, j't'aime pas
Elle y est pour rien cette belle petite
J't'aime parce que je trouve ça con
J't'aime pas parce que c'est trop bon
J't'aime pas parce que tu es en moi
J't'aime pas parce que je sens plus tes bras
J't'aime pas parce que tu as de beaux yeux
J't'aime pas parce que j'aime le vert et y sont deux
J't'aime pas parce que tu me faisais respirer
J't'aime pas parce que de l'écrire je me suis étouffé
J't'aime, j't'aime pas

Avec toi, avec moi, encore un combat !
J't'aime pas parce que j'aimais te regarder
J't'aime pas parce que je t'ai gravée
J't'aime pas parce que je me réveille
J't'aime parce que j'ai plus sommeil
j't'aime pas parce que tu es virtuel
J't'aime pas parce que tu étais mon essentiel
J't'aime pas parce que t'es là
J't'aime parce que t'es pas là
C'est compliqué tout ça
Surtout que je sais toujours pas
J't'aime pas parce qu'on m'a interdit de t'aimer toi
J't'aime pas parce que toujours je te vois
J't'aime parce que tu n'es plus qu'une image en moi
J't'aime parce que je suis peut-être en train de mentir
J't'aime parce que c'est pas beau de souffrir
J't'aime pas parce que tu as souri à me faire mal
J't'aime pas parce que t'as pris ton pied à ce grand bal
J't'aime pas parce que tu sais à présent
Que c'était moi le grand absent
J't'aime parce qu'en fait j'sais pas si tu comprends
J't'aime parce qu'on peut pas indéfiniment
J't'aime pas parce que y a pas de Néo sans Trinity
J't'aime pas parce qu'il faut un disciple et un génie
J't'aime, j't'aime pas
Ce texte devient du gros n'importe quoi !
J't'aime pas parce qu'il faut de l'eau pour pousser
J't'aime pas parce qu'il faut de l'air pour respirer
J't'aime pas parce qu'il faut du feu pour m'allumer
j't'aime pas parce qu'il faut de la terre pour cultiver
J't'aime pas parce que t'es pas le cinquième élément de ce que je viens de citer
J't'aime pas parce que je suis pas Bruce Willis au ciné

J't'aime pas parce que j't'ai pas aimé comme ça
J't'aime pour ce que tu étais toi
J't'aime parce que c'est ton fond à toi
J't'aime pas parce que tu n'as fait qu'écouter
Des gens qui soi-disant savaient
J't'aime pas parce que même toi tu savais pas
Qu'une terrible dépression j'avais en moi
J't'aime quand c'est ton cœur qui parle
J't'aime pas parce que tu l'as rendu bestial

Prends-le comme tu veux, j'en aurai encore beaucoup à dire
Je pense qu'il est venu le temps de ne plus souffrir
Je préfère à présent vivre et m'ouvrir
Tu as fait ton choix, tu sais que de toi je ne pourrai m'assouvir

JEUX DE RIMES

Il est 4h du mat, j'ai raté mon rendez-vous avec l'oreiller
Pas moyen de faire collé-serré
Comme d'habitude ça m'empêche pas d'attaquer la journée du bon café
J'me suis levé avec une bonne roulée
C'est encore un coup de ma mémoire qui déraille
Je raconte que des conneries si je pense à nos funérailles
J'ai bien compris ce qui s'est passé, la vérité elle était en face
Faut pas apprendre au vieux singe à faire la limace
Volontairement elle a fait ignorance de mon impasse
Tant va la cruche à l'abreuvoir qu'à la fin ça laisse des traces
Je suis certain qu'elle aurait raté ses études si elle avait choisi psychologie
Faut pas prendre ma vessie pour un homme des tavernes
J'étais plus avec moi, je gardais tout pour essayer de faire bonne figure
Ça se voyait comme le nez au milieu de ma peinture
Des années à traîner cette dépression en jouant au brave
C'était la goutte d'eau qui a fait déborder l'épave
Elle était stérile, stérile du cœur pour moi
Pas de bas, pas de chocolat
Moi je me rattachais uniquement à elle sans aucun doute
C'est bien dans les vieilles marmites qu'on fait les meilleures croûtes
Je marchais sur un de ces cils

Elle ne m'a pas tendu un fil
Ma tête marchait avec une canne
J'avais glissé sur ma peau d'âne
J'essayais de dissimuler, de cacher, de lutter
Mais pour elle l'important c'était de ne pas participer pour y gagner
En fait c'était moi le borgne
Au royaume des aveugles ils portent tous des cornes
De par ses origines, l'union faisait la Corse
Elle le fut avec force
J'étais devenu le plouc émissaire
Elle a pas fait l'amour mais la guerre
J'étais anéanti, je ne retrouvais plus mon chemin
Pour elle je n'étais qu'un poil dans son écrin
J'étais devenu l'oiseau de mauvaise allure
Mais sans elle, plus d'avions, merci pour M. Charlélie Couture
L'amour m'a rendu un bug
Elle, elle était aveugle
Elle faisait même la sourde corneille
En me baillant aux oreilles
La moutarde lui montait aux pieds
De ma vie elle en a fait un pied de nez
J'avais la tête dans le fût
J'l'ai eue ensuite dans le cul
J'ai joué à tu me fuis, je te suis
Tu me suis, je te fuis
J'ai voulu aller plus vite que sa critique
En tentant de la voir elle a joué sa musique
J'me suis fait rouler par la latine
Et l'amour elle l'a réduit en farine
Est-ce que le jeu en valait l'hirondelle ?
J'me suis brûlé la chandelle !

Je croyais que l'argent n'avait pas de valeur
Pour elle il avait de l'odeur
Il ne fait pas d'honneur
Mais il fait partie de son bonheur
Elle a toujours eu les yeux plus gros que son centre
Préférant son ventre
Plutôt que l'argent
Une main en valait tout autant
Mais pour elle, tout vient au poing pour qui sait le tendre
Dans ma gueule sans attendre
Elle a craché dans ma coupe
Mitonnant à sa manière sa soupe
Qui vole comme un bœuf
S'envole avec un keuf
Mais le hasard fait bien les proses
Un jour chaque place aura sa chose
L'avenir se lit dans les lignes de demain
Mais pas dans ta main
Qui est loup, agit en loup
Il en est certain pour beaucoup !
J'étais pas assez expérimenté
Pour savoir que la méfiance était la mère de la sûreté
Quel que soit le plaisir de ta vengeance
C'est quand même une offense
Tu voulais voir un homme se pendre ?
Alors que je ne cherchais qu'à t'attendre
J'ai perdu par convoitise
Tu perdras en amour par méprise
Je ne suis pas un prisonnier retenu
Crois ton mal quand il sera venu
Je croyais en ces alliances
Tu n'en as pas eu reconnaissance
Toute puissance est faible à moins d'être unis

Surtout face à cette maladie
Ne s'attendre qu'à soi seul
Pour se crier à la gueule
Je ne m'attendais pas à ça, j'en faisais toute autre image
Mais le moins prévoyant est toujours le plus sage
Agis comme moi, fais face à ta réalité
Tu as été de glace à ma vérité
Tu as été de feu par tes mensonges
Souviens-t'en dans tes songes
Je n'ai plus de peine
Je ne veux pas de retour
L'absence est un remède à la peine
Et un appareil contre l'amour
J'ai cru, je me suis menti pour croire
J'ai cru, tu ne m'as laissé aucun espoir
Attendre l'aide de l'autre quand tu dors est une erreur
D'affaire à moi, elle n'a eu que le procureur
Ne crois pas que je suis en cage
Je suis en pèlerinage
Je me suis réveillé, l'avenir appartient à ceux qui se lèvent haut
Pas à ceux qui n'ont que leur ego et qui dorment avec sur les yeux un bandeau
Même le jour où je rejoindrai les morts
Je n'aurai aucun remords
Je croyais en mon discours
Mais tu n'as jamais eu d'amour

Tu m'as donné le sujet
J'en ai fait résumé
J'trouve qu'il est pas si mal
À 4 h du mat c'est mes mots, ma morale

Je vis comme un corbeau, je me permets par ce ver de La Fontaine un surplus
« Je jure mais un peu tard qu'on m'y reprendra plus »

02 août 2018

J'SUIS PAS UN POÈTE

Écrire des textes n'est pas pour moi une façade
C'est un moyen que j'ai découvert et qui me rend moins autodégradable
Je ne suis pas poète, j'écris par envie
Et parce qu'on ne me pousse pas à autre chose peut-être ici aussi
Les poètes ne sont pas fous ni inutiles
Ce sont des créateurs jouant avec les mots de manière futile et habile
L'amour est bien la poésie de la vie
Pour le moment je n'ai plus que celle-ci
Pour une femme qui ne comprenait rien en moi
Et qui je ne sais, si vraiment elle m'aimait parfois
Il me reste l'envie
Alors j'écris
J'écris mon déchirement
Car je l'aimais, je l'aimais charnellement
Alors j'essaye de m'exprimer avec ces mots chantants
Ce que je faisais peu souvent
J'écris ma vie quelque peu troublante
Qui aujourd'hui est source d'inspiration à ma tête tremblante
Alors je me demande si envers moi je ne suis pas un imposteur
Envers ces écrits qui sont venus à cette heure
Pourquoi en ce lieu, à ce moment, j'ai un jour saisi un stylo
Et compris que je pouvais m'aider avec des mots

Je m'intéresse maintenant à la poésie
Celle qui n'est pas du tout la même que mes écrits
Moi je lis du Paul Eluard, Apollinaire
Moi je lis La Fontaine et Prévert
Ces maîtres des mots avec chacun un style particulier
Le mien s'il en est un, serait l'innommé
J'essaye juste d'exprimer mes peines, mon amour, mes regrets
J'essaye d'exprimer une chose nouvelle, un sentiment, une idée
Je n'écris pas pour me faire lire ou me faire dire
J'écris pour me dire
Je ne sais pas si ces instants à stylotter
Dureront quelques mois, années, à l'éternité
Peut-être que ce n'est que passager
Et qu'à ma liberté je recapuchonnerai
Je ne suis pas un poète, je me saoule de mots
Vaut mieux ça qu'un tonneau
Je ne suis pas un poète, je me joue de vos maux
Comme de votre dos, si blessure il y a, allez voir Doc Gynéco
Je ne suis pas poète mais de ces instants de vie
Je les garderai à tout jamais inscrits
J'envisage d'en faire recueil ou manuscrit
Car en fait avec tous ces mots, j'suis pas si maudit !

Si un jour certaines personnes tombent sur mes écrits, qu'elles lisent, qu'elles lisent bien
Car la vengeance d'un pseudopoète se fait terrible et forte avec des mots de magicien

« Et tu bois cet alcool brûlant comme ta vie
Ta vie que tu bois comme une eau-de-vie »
Guillaume Apollinaire, *Zone*

LA FÉE

Enfin je me remets un peu à écrire avec les étoiles qui encore me matent
Ces premiers mots, ces premières phrases sur cette page blanche qui se hâtent
Ces mots qui tombent comme des morceaux de glaise
Ces phrases, ces phrases entières qui me mettent à l'aise
Tout ça pour toi petite qui me donne cette inspiration
Écrire n'est rien mais enfin mon stylo trouve sa direction
J'ai rencontré une fée
J'ai rencontré une fée
Petite, on t'as pas menti, tu le sais, parfois dans la vie on va saigner
Mais dans chaque putain d'existence y a quelque chose à en tirer
La vie c'est Mister Hyde et pas seulement Docteur Jekyll
Je connais le film, c'est pas un long fleuve tranquille
Y a des rires, des pleurs, des bas, des hauts
Des soleils et des orages, là j'te parle pas de météo
Tu connais ce labyrinthe, y a des pièges à chaque virage
Moi quand j't'ai connue je croyais que tu étais un mirage
J'ai rencontré une fée
J'ai rencontré une fée
Moi aussi j'ai des cicatrices plein la peau et beaucoup dans mes souvenirs
Mais tu vois petite j'suis un rescapé ça va sans le dire

Faut pas te mentir petite, la vie c'est aussi une complication
Petite fait attention à toi, prends-toi en main, redessine ton horizon
Je sais que cette putain de vie est perverse et que tes désirs elle les a cachés
Mais le reste elle te le donnera pas, va falloir aller le chercher
Ça prend du temps, petite, tu peux faire trois fois le tour du ciel
Mais fais attention à toi, avance autrement, à mon avis c'est essentiel
J'ai rencontré une fée
J'ai rencontré une fée
Quand j't'ai vue j'ai alerté mes rétines pour voir
Et depuis je marche en pensant à ce bout d'histoire
On a parlé, échangé, tu étais ma tour de Babel
Nos histoires, nos récits, et la nuit a été belle
Tout est allé trop vite, là j'décide de me poser
Quelques secondes me retourner et analyser
Ça réchauffe le ventre de savoir que j'étais bien
J'sais pas toi petite mais modestement on a créé un lien
J'ai rencontré une fée
J'ai rencontré une fée
Cette belle nuit je sais qu'elle ne prendra pas de proportions
Difficile de savoir que cette histoire est sans direction
Cette rencontre m'a offert tant d'images
Mais je sais que je ne reverrai plus jamais ton visage
Cette nuit, ta vie, nos histoires résonnent encore dans ma tête
Même si je sais que tu te fous de mes textes
La magie n'a duré qu'un temps
Je sais petite que pour toi je n'étais qu'un moment
J'ai rencontré une fée
J'ai rencontré une fée

Je sais que pour toi il n'y aura jamais de sentiments
Alors maintenant j'apprends la vie en te rimant
J'voulais pas écrire un texte bidon mais j'en avais envie
J'suis même de bonne humeur et mon stylo lui aussi sourit
Je sais que l'on ne se verra plus et que la vie pour moi ne sera plus pareille
Même si tu hantes encore mon esprit, que j'aimais tes paroles et que tu étais pour moi la plus belle
J'verrai plus cette fée
J'verrai plus cette fée

J'ai jamais su qu'une telle rencontre pouvait me faire arrêter de me faire la terre tourner
J'ai jamais su qu'une telle rencontre pouvait habiller mes pensées
Son histoire, ces mots m'ont apporté à la fois un désordre et une stabilité
C'est encore un texte de plus, ce n'est pas un poème
Mais j'veux pour une fois que ces mots aiment
J'ai redécouvert comme ça réchauffe d'avoir une certaine sorte de sentiments
Même si je sais qu'elle préfère vivre sans, elle ment
Ces mots je les mets en place et je me fous qu'elle en rit
Chez moi j'ai eu une sirène dans ma vie
J'ai découvert un bonheur tout simple, être ensemble
Mais je sais que ces instants seront réduits en cendres
Il y a eu des sourires, des soupirs, des fous rires à en mourir
Mais je sais que je me nourrirai uniquement de souvenirs
Un jour j'aimerais que ces échanges et ces mots prennent la voix de l'émotion
Les miens prennent la parole pour te montrer la direction
Je vais quitter mon stylo car j'ai plus de place
Mais j'ai vraiment vécu une rencontre de première classe

Depuis ce moment passé ensemble tout se croise dans ma tête
Nos échanges, ces paroles et j'ai choisi de lui en faire un texte
Ce ne sont pas des paroles d'ancien prisonnier, tout parle d'elle
Depuis cette rencontre dans ma tête c'est un sacré bordel
Mais j'ai un gros problème, j'ai peur qu'elle se marre
Qu'elle me dise que je gratte et qu'elle me traite de connard
Question de pudeur et croire que ces mots partiront en fumée
J'ai pas l'habitude d'ouvrir mon cœur mais cette fois j'vais assumer
J'suis très compliqué, elle le sait, j'suis un boulet vraiment très lourd
J'ai pas envie de commettre une erreur mais pour elle j'peux pas rester sourd
Elle mérite pas un texte moyen, pour moi ça craint
Fini de faire le con avec mes mots et mes textes de rien
C'est pas facile, j'sais même pas comment on fait
Pour écrire et décrire des mots quand on a connu une fée
J'ai connu quelqu'un que je pensais même pas que c'était homologué
Sans contrôle technique, pas de contre-visite, tout est parfait
J'me suis enfoncé dans son regard et mes jambes ne touchaient plus le sol
Là, j'm'y perds encore, il me faut une boussole

LA FLEUR

Dehors les prisonniers ont fait un petit jardin
Moi aussi j'avais le mien
Y avait même une magnifique fleur mais mon cœur s'est éteint
J'aurais dû en prendre plus soin ou la laisser dans son écrin
Pourtant j'avais pris le temps et l'application à la choisir dans cette vaste pépinière
En fait, elle était là, à côté, depuis longtemps cachée derrière
J'l'ai embarqué avec moi pour la planter dans mon jardin
Je me suis appliqué à la recevoir en prêtant attention à ce qu'elle ne manque de rien
Moi l'homme aux doigts verts avais découvert une variété rare, d'une beauté unique
Un croisement naturel qui la rendait rayonnante, resplendissante, magnifique
J'étais heureux et fier d'avoir la possession d'une fleur avec d'aussi beaux dessins
Pendant des années j'en ai pris soin
Je prenais plaisir à la voir se développer, à la contempler
Quel honneur et bonheur de savoir qu'elle était plantée là, telle que je l'avais rêvée
La fleur parfaite, à mes yeux la perfection
Ses pétales étaient d'une soie naturelle
Ses hampes florales volaient dans l'éternel
Une reine de beauté, elle était devenue ma fleur de la passion

Ma corbeille d'or, je ne voyais qu'elle à en perdre raison
Je prenais soin de ne pas l'abîmer
Elle diffusait un doux parfum dans mon cœur
Qui attirait mon corps uniquement pour la respirer
Je la caressais toujours avec douceur
Elle était si belle et si fragile
Que j'avais même peur qu'elle me file
Soir et matin je n'avais d'yeux que pour elle
Telle une immortelle, au plus le temps passait, au plus elle était belle
Mais j'avais perdu mon chapeau de paille depuis fort longtemps
Ma boîte crânienne avait subi trop d'ensoleillement et heurtements
Je ne me fixais même plus au calendrier lunaire
Pour arriver au point de tout faire à l'envers
Mes bottes ne touchaient plus terre
Mon corps, ma tête étaient devenus pierre
Je n'étais plus qu'un épouvantail
Qui avait mal au plus profond de ses entrailles
N'acceptant pas de jouer le chasseur de corbeaux
J'ai attrapé un flacon qui ne contenait pas d'eau
Tel un tournesol elle a tourné son calice
Pour ne plus me voir et subir un tel supplice
Je n'avais jamais remarqué ses épines
Et elle s'en est montrée digne
Ma fleur n'a pas été reconnaissante des soins que je lui avais apportés
Pourtant c'était moi l'épouvantail qui avait une carence dans ma tête déchirée
Peut-être qu'avec un peu de soin et sur la tête un nouveau chapeau
J'aurais arrêté de chasser les corbeaux

Tu le sais petite fleur, tu le sais très bien
Mais un épouvantail c'est pas beau, c'est vilain
Un épouvantail et une fleur c'est pas bien joli petite fleur
T'as rien compris petite fleur, c'est ma tête qui n'allait pas bien et tu m'as arraché le cœur
J'ai failli quitter terre pour une fleur
Mais en tant que jardinier j'ai réfléchi, je n'aurais plus de labeur
Tu sais petite fleur tu resteras toujours ma belle petite fleur
Mais des jardins j'en connais plein, suffi de trouver la graine pour un vrai bonheur

Tu sais petite fleur, j'espère que jamais tu vas faner
J'aurais voulu être encore ton jardinier
Mais t'as pas compris
J'avais pas les bons outils
Je vais mieux maintenant petite fleur
Quand je ferme les yeux je vois toujours ma petite fleur et son odeur
Pour le moment mon jardin est un peu particulier, y a guère de fleurs
Tu sais malgré tout que j'aurai toujours mon jardin secret et tu seras l'unique petite fleur

Désolé petite fleur, désolé
Mais là c'est toi qui m'as planté !

Le Cabas

La semaine dernière j'ai commandé un cabas
Pourquoi j'sais pas
Un cabas à un euro et un centime
C'est le prix sur le bon de cantine
J'ai reçu ce cabas, il est là
Sur une étagère, posé comme ça
Peut-être que je l'ai commandé au cas où
Si la porte venait à s'ouvrir subitement pour me sortir de ce trou
Et que je sois pris de précipitation
Pour y ranger mes quatre bricoles accumulées durant cette incarcération
Non, en fait je l'ai acheté pour une raison particulière
Y ranger mes bouquins, textes, feuilles et stylo le jour de ma sortie à la lumière
Sérieux j'y tiens, je ne veux pas les abîmer et les retrouver éparpillés
Je veux pouvoir retrouver et relire ces traces du passé
De plus il y en a que j'aimerais lire à mes proches
Pour ça il va falloir que je sorte la langue de ma poche
Je ne sais pas pourquoi j'écris un texte aussi con sur un simple cabas
C'est con un cabas
Ça me ramène à celui que j'avais dans le teston
Beaucoup plus gros sans aucune comparaison

Mais l'autre je l'ai plus, je l'ai jeté
Y restent plus que des petits sachets
Si je l'ai acheté ce drôle de petit cabas
C'est que ça fait déjà six mois
Et que, au plus le temps passe
Au plus le lieu me lasse
Je dirais pas que je déprime
Là je me supprime
Non, j'ai hâte de sortir et de revoir ma famille
Pour montrer ma bille
Raconter un peu, beaucoup de ce que j'ai vécu
Tout simplement me mettre à nu et dire que j'suis plus perdu
J'ai encore à vider quelques petits sachets
J'vais pas les garder, j'ai même commencé à les percer
Après quand tout sera fait et qu'enfin j'aurai passé le cap
J'aurai plus besoin de sac
Si j'en prends un il ne sera pas à dos
J'ai tellement porté que le bossu de Notre-Dame à côté c'est du pipeau
J'prendrai bien un sac avec un parachute
En cas de rechute
Mais maintenant j'suis blindé, j'suis un crac
J'prendrai plutôt des cars en sac !!

11 août 2018

LE CHIEN NOIR

Pour combattre ce que l'on nomme le chien noir j'ai trouvé remède au problème
Allongé sur cette feuille de papier j'écris, je m'écris à moi-même
J'écris ce qui me passe par la tête, ce qui est bon pour moi, sans plus aucune inquiétude
Mais je n'écris pas comme vous écrivez vous ordinairement, j'écris en tournant sur moi-même et c'est très rude
J'écris en spirale, de l'intérieur vers l'extérieur, comme un tourbillon
En cercle, tout ce qui me permet de lever la main sur la bête, à fond
J'aurais préféré ne pas être le seul car le chien aboie aussi dans le noir
Il continue à gémir et à montrer ses dents, le cœur atteint par les morsures du chien noir
Ça file la nausée, faisant vomir la bile, œsophage en feu
Ce chien noir on aurait pu le mettre au chenil à deux
La dépression c'est comparable à un gisement de pétrole en feu, l'alcool de la nitro
Je refusais de la voir et sans aucune forme d'aide j'avais déjà mis des barreaux
La vérité elle se lisait sur mon visage, elle se voyait sur ce que j'étais en train de jouer

Charly tu sais que tout le monde souffrait quand toi la star du muet tu te taisais !
La prison est arrivée au bon moment, au paroxysme de la crise, dans cette lutte contre le chien qui dévorait mon âme
J'étais plein à croquer de rien, sans humeur, sans odeur, la vie comme un règlement d'un sinistre, d'un vacarme
Il fallait déblayer le chemin, installer une pancarte de mise en garde, je courais à la catastrophe
J'étais pas plus fort qu'elle ne le croyait, elle aurait pu sentir plus fin limier plutôt que de m'envoyer au coffre
Aucun alcoolique ne buvait autant que moi, j'étais seul et j'avais peur, j'ai fait face à de l'ignorance déguisée
On s'est peut-être pas aimés mais pendant les mêmes périodes pour moi, l'amour était une priorité
Ma peau était un film transparent, sans émotion, remplie d'afflux sanguins, pas jolie à voir mais très instructif
Il fallait voir sur le visage le pâle, les sueurs étaient les signes d'un homme fatigué, passif
Quand la pâleur devenait régulière et durable c'était que le chien noir était sorti de sa cage
Le monotone, une vie sans rythme étaient bien les symptômes de ma rage
Elle ne sait rien de ma dépression, j'étais bien trop fort, mon âme ne pouvait pas se laisser commander
Je crois que si elle me le demandait maintenant, je lui répondrais qu'à l'époque les choses s'écoulaient
La bataille contre le chien noir je l'ai vécu, vaincu, isolé
Charly toi tu avais quelqu'un avec Winston pour partager
La différence par rapport à avant c'est que je n'écris plus pour me changer les idées
Je sens mon cœur battre entre mes doigts, j'écris pour m'écrire et c'est déjà assez

« Deux messieurs sur la plage, Chaplin, Churchill, le combat contre le chien noir, deux hommes en dépression »

16 octobre 2018

LE GÉNIE

J'ai croisé un génie
Pas un génie de par un Q.I. incroyable
Ni Sheldon Cooper mon idole c'est peu probable
Non un vrai ! Dans une lampe il avait son lit
Il en est sorti en gueulant
D'une voix sortie d'une grotte il me dit « j'suis coincé là et tu me sors pour être enfermé ! »
J'savais pas pour la lampe, j'voulais juste la nettoyer
Comme tout bon génie y m'dit : « t'as trois vœux à exaucer »
« Et bouge ton cul ce soir y a foot à la télé »
J'déconne pas c'est pas un texte tiré d'un conte de fées
C'est bien ce qui m'est arrivé
Dans ma tête alors tout se bouscule car les choix s'avèrent importants
D'autant qu'il est pressé le grand
De quoi avais-je besoin en priorité
De quoi me fallait-il pour subsister
L'espace et l'air me manquaient
Mes poumons me semblaient comprimés
Beaucoup de personnes m'étaient éloignées
Mes journées étaient trop répétées
J'avais l'impression d'être formaté
J'avais l'impression d'être téléguidé
En clair, c'est mon statut de prisonnier

Évidemment comme tout autre dans mon cas j'ai choisi la liberté
Ordonné ! Qu'il a crié avec sa très très perceptible
Rien ! Rien ne se passa ! J'étais encore là ! Serais-je tombé sur un génie usurpateur peu crédible
Me voyant interloqué il me dit « comme promis, un jour à toi viendra la liberté, ,l'important était ta tête de libéré »
Putain de charlatan, pas besoin de génie pour le deviner
Premier vœu : gâché
Deuxième vœu, j'vais chercher
J'me suis mis en méditation, immersion avec moi-même
J'vais pas laisser une seconde chance avec en main un tel diadème
L'argent, l'or, le flouze, le fric, le pognon ne m'a jamais intéressé
En avoir c'est bien, c'est une nécessité mais j'en suis pas obsédé
Je manque de quelque chose, je le sais, je le sens mais c'est invisible
Je manque de quelque chose c'est sûr mais même pour vous c'est imperceptible
Quelque chose d'important qui me manque énormément
Je me souviens en avoir eu il y a peu de temps
C'est gros, ça te réchauffe, t'es bien, c'est pas un radiateur et puis fait déjà 30 degrés
Ça te fait décoller, ça te fait planer, c'est pas un avion et j'saurais même pas le piloter
T'en perds la tête, t'en deviens dépendant, c'est pas de la came j'suis pas drogué
T'aimes l'avoir à tes côtés, t'apprécies de le regarder, c'est pas une toile j'en suis pas collectionneur
Ça va vite, ça te prend, ça t'emmène, ça t'emporte, c'est pas une bagnole, j'suis pas amateur

Ça te fait faire n'importe quoi, même des bêtises, c'est pas des farces et attrapes, ici j'ai pas la banane
T'en redemandes, t'en as faim, jamais rassasié, un resto au Fouquet's, j'aime pas Paname
J'sais que ça se cultive doucement, tendrement, c'est fragile, j'aime les plantes, j'suis jardinier
C'est léger, beau, ça flotte dans l'air, c'est pas de la neige en plein juillet
Putain mais qu'est-ce que c'est, il commence à s'impatienter
Putain j'arrive pas à trouver, il arrête pas de tourner
Une chose est sûre, je me souviens enfin
C'est ce qui m'a mis en chien
J'hésite à prononcer à nouveau ce mot
J'ai peur de finir mes jours dans un cachot
Mais c'est plus fort que moi cette attirance
D'y penser encore me met le cœur en transe
Alors d'une voix « mince », j'le dis au génie balourd
« Mon amour ! »
Je croyais que comme dans les films on serait projetés pour d'un coup se retrouver
Rien ! Rien encore ne se produisait !
Le génie stoppa ses déambulements d'impatience
Pour m'expliquer qu'on ne peut pas retrouver l'amour avec tant d'aisance
Qu'il ne pouvait rien y faire
À ma guise d'arriver à la soustraire
J'ai eu beau lui dire que pour moi c'était celle que j'aime
Il me répondit que le destin ne tient que de deux cœurs et du sang qui coule dans les veines
Deuxième vœu : échoué
Troisième vœu : j'me suis fait rouler
Ce putain de génie me dit qu'il était déjà en retard pour le foot à la télé

Et qu'en plus c'était un jour férié
Alors il s'évapora pour regagner sa petite demeure
J'ai essayé de frotter, secouer, frotter, j'en avais des sueurs
J'étais comme avant, prisonnier, désespéré, seul
J'étais là, assis les mains sur ma gueule
En cherchant encore pourquoi tout me fuyait
Toujours à penser et à me questionner
Et là, je me suis réveillé
J'dormais juste dans mes pensées
Les lampes ici ne sont même pas à économie d'énergie
J'ai beau les dépoussiérer, en sortira jamais un génie
Elle est con mon histoire mais ça me fait rire
J'espère que le génie a vu le match de ballon
France - Argentine c'est une affiche qui attire
Allez génie, tous derrière les Bleus, un jour on sera tous champions !

LES POINGS SERRÉS

Un bric-à-brac abandonné, voilà ce que j'étais et je ne le disais pas
Une sorte de temple bourré de souvenirs, de projections, d'amas
À tiroir ouvert, une fouille comme chez ces .... de condés
L'inventaire j'l'ai fait moi-même, il le fallait
Pudeur, manque de mots, j'avais rien soufflé, à croire que c'était mal de souffrir
Ne pas remuer la douleur, des plaies toujours vives à réouvrir
On ne peut pas vivre d'échecs, il faut savoir pour aller de l'avant
Comme un sprinter prenant appui derrière sur les startingblocks pour se projeter devant
Mais je redoutais cet inventaire, souder mes lèpres et mes soudures sans soutien
Des journées à boire, insomniaque, angoissé, cynique, plus envie de rien
Sans air dans les cavités de mon âme et le sentiment d'une totale irréalité du monde et de moi
Ma soif de vivre je l'étanchais autrement, je vivais l'impossible à vivre, il n'y a aucun mot pour expliquer cet état
Quand ma mémoire m'apportait une nouvelle proie, la place était déjà prise
Entasser, se torturer, ne rien dire, boire et faire de son corps une crise

J'avais pas trente-six solutions pour quitter tout ça, prendre quelque chose de fort par-dessus quelque chose de déjà très fort

J'suis pas alchimiste mais je savais que l'alcool pur en perfusion me dirigeait à la mort

Je me sens coupable, je ne sais vraiment pas de quoi encore mais j'avais besoin comme tout homme qu'une femme me tienne la main

Les qualités d'un être humain se jugent sur son comportement pendant de longues années sur le même chemin

Cette main aurait pu être un baiser, un souffle comme celui qui oriente les feuilles, les voiliers

Une insinuation à voix basse comme si on murmure à l'oreille en disant d'être attentif à ce qui va se passer

Bavardage intérieur sans fin, comme si la parole autour de moi créait un espace fermé, comme si je parlais dans une cagoule

Baratin qui protège le dehors, permettant d'avoir un chez-moi pour me mettre à l'abri des choses extérieures plus cool

Comme un message intérieur qui disait que rien ne devait s'ébruiter

Par fierté, pour ne pas perturber un équilibre et ça a fait l'opposé

On appelle moulin ces machines avec un engrenage actionnées par une force pour broyer la matière

J'étais cette matière et le moulin ne tournait pas à l'eau pour me tordre et me ronger à sa manière

J'écris les poings serrés

J'écris pour ne pas céder

La vie m'a fait enjamber des cadavres que j'avais semés et j'avais pas fait rentrer d'air pour aérer

La douleur n'existe que si on la refuse, en opposant pas le bonheur je devenais moi aussi un macchabée
J'avais la faculté de cauchemarder éveillé, à côté de la réalité, de me créer un enfer parallèle au présent
Et pendant qu'elle menait une vie sereine, jusqu'à la dernière goutte je buvais la mienne en me massacrant
Pur, j'étais pur, j'étais pur d'alcool jusqu'à ce qu'elle s'imagine que d'être dans le coltar était le meilleur plan de carrière pour un nouveau chômeur
Je ne buvais pas par plaisir mais par ennui et parce que j'avais conscience du mal que j'avais en moi, terne et rempli de douleurs
J'arrivais à me déculpabiliser et elle m'a pêché pour me mettre dehors alors qu'il fallait poser l'ancre
J'étais absent longtemps des habitudes et repères familiers, accoutumé à d'autres nourritures cancres
Bagarres utiles du passé, futiles du futur, grand coup de volant
À la pêche d'une vie oubliée, remonter le courant
J'ai serré les poings comme l'embryon a le poing fermé tant qu'il est bien
Comme l'enfant a les poings fermés quand il naît enfin
J'étais donc prêt à naître
En taule, renaître
Le cœur serré, j'écris
Les mains ouvertes, je dis
Je ne dors plus, comme si l'envie de dormir avait passé avec le reste de ma maladie
Je me mets au lit, je glisse mes jambes sous la couverture, fenêtre ouverte et cet air m'envahit
J'ferme les yeux, je tourne mais rien n'y fait, à cette heure il n'y a que le grillon autour

J'compte les moutons, plutôt les diplodocus mais j'en ai marre de les rameuter à mon secours
J'quitte le lit pour éviter l'affaire, j'me penche à la fenêtre, c'est tôt ce matin
Les gens font autre chose, moi de mon troisième étage je suis sorti du rang, je paye du chagrin
J'avais pas d'optimisme et j'étais amoureux d'une môme et maintenant je me plie à des lois internes
J'mets mon T-shirt qui pue la clope, j'allume la télé, café, tabac, un peu d'hygiène
En deux minutes elle est conclue l'affaire
J'écris, je tourne en cherchant encore derrière
À y réfléchir, à quoi ça sert de reproduire les mêmes gestes de la veille s'il n'y a pas d'espoir pour la semaine ou le lendemain
Que quelque chose changera, que je me lèverai pour attaquer cet escalier en brûlant d'impatience pour prendre le chemin
Mais j'suis élevé à la dure et à pas céder
Alors, j'écris les poings serrés
Je pense à ce qui n'est pas en me laissant emporter et en croyant possible ce qui ne le sera jamais
C'est ainsi que le temps passe le mieux, croire, attendre et espérer
J'vais de la cuisine au salon, du salon à la chambre en ne faisant qu'un tour sur moi-même
Je peux aller dans tous ces endroits en un dixième de seconde sans problème
Je vais du nord au sud en un temps record ce qui n'est pas le rythme de cette vie que je m'efforce d'encaisser
Le souffle que j'ai perdu avec une centaine de tours revient avec difficulté
J'ai la respiration sifflante, la poitrine prise dans un étau, comprimée par deux mâchoires qui ne lâchent pas

C'est ma façon de vivre et de vieillir ici, de mal vieillir, tout fout le camp dans ce monde de rats
Alors j'écris les poings serrés
J'suis presque au bout, je vais pas céder
Tout se barre après la quarantaine et pendant cette quarantaine particulière ce sont les os, les muscles, l'apparence
Le monde de dehors me fait peur à présent, il est ruisselant de santé et de sens
Ce monde qui m'a mis à l'écart, au rebut, me considérant non conforme, en m'abandonnant dans ma souffrance
J'pense à mes gosses, c'est ma Ventoline, j'aspire les images en retenant ma respiration, c'est ma sentence
Mes bronches se dégagent, l'oxygène pénètre mon cœur qui se met à faire une chevauchée
J'ai rejoint le dernier rang de la société, celui qui touche le fond, j'suis assuré de ne pas tomber davantage
J'suis un SDF, super dépendant d'une femme, et ma cage en béton armé est pire que la rue
Mais même si ça commence à s'éterniser, j'ai des valeurs et j'emmerde les idées reçues et préconçues
J'écris les poings serrés
Cette détention est une absurdité
Quelque chose s'est pourtant refermé, quelque chose d'incorruptible
Je suis seul, je me sens seul, tout ça pour une maladie et un amour impossible
J'en ai marre de peser le pour et le contre d'un amour, de ce que je croyais une passion
Il faut que je sorte, que je fuis cette aire, que je sème, que je sème dans toutes les directions
J'ai le loisir de penser au temps, de l'observer dans ses moindres recoins

Je peux affirmer qu'ici il s'écoule avec une lenteur torturante qui n'a rien d'humain
J'vais pisser, je cherche mon pénis ratatiné dans mon calcif et j'urine en regardant le plafond
Comme on regarde le ciel quand on pisse dehors, titubant, bourré comme un con
J'pisse les poings serrés
Même mon gland ne veut pas céder
J'ai supporté tout ce qui m'est arrivé sans jamais me plaindre, ce qui fait l'homme que je suis aujourd'hui
On ne naît pas docile, sentimental, courageux, amoureux, on le devient par la vie
J'me suis battu pendant des années sans desserrer l'étreinte et elle a été insensible à mes cris et mes ruades de soûlard
J'ai retrouvé l'usage de ma tête, de mes membres, j'suis à nouveau apte, il n'est jamais trop tard
Je regarde mes mains qui ne feraient pas de mal à une mouche, je les montre au soleil à travers ces barreaux
Des larmes me viennent et me gênent, je les avale en moi comme un salaud
C'est pas parce que je suis seul et mis à l'écart de l'amour que je n'ai pas le droit de penser à elle et à mes enfants
Peut-on vivre seul en ayant une famille et avoir aimé vingt-deux ans ?
J'pose la question, la réponse je la connais
C'est là que réside la difficulté
Non, on ne peut pas vivre seul à moins de s'envoyer des pilules
Comme je n'en veux pas, j'écris les poings serrés dans cette cellule
C'est ma came pour essayer d'oublier que de me parler à moi-même
Et j'me dis toujours que je les aime

LES SOULIERS DE ROMANE

C'est vrai que dans mes textes les mains font souvent leur apparition
C'est dire l'importance que j'attache à ces membres et j'en fais projection
Les mains reflètent notre vie, nos conditions, nos expressions, nos émotions, notre passé
J'ai pas besoin de connaître une personne bien souvent une poignée de main suffit à en dessiner les traits
Si j'écris ce texte ce n'est pas pour parler de mains, de gants, de moufles ou encore mitaines
Mais plutôt pour évoquer une autre extrémité pour nous les bipèdes de la race humaine
C'est pour ça qu'aujourd'hui je vais jouer mon rôle de vieux tonton sage
Pour ma jolie et unique nièce Romane depuis ma cage
Suite à un courrier on m'a appris que peut-être quelque chose dans son cœur s'était injecté
Paraît que la petite elle aurait peut-être trouvé chaussure à son pied
J'connais pas encore la marque mais j'suis un vieux brisquard des souliers
Alors j'me permets à la gamine d'exposer mon expérience de vendeur chez André
Dans la vie, on avance tous à notre propre rythme, l'important c'est d'être bien chaussé

Le chemin il est long, on va tous plus ou moins s'emmêler les pinceaux et s'taper des rochers
L'important c'est déjà la pointure
Faut être bien dedans, à l'aise pour le futur
Pas serré, pas compressé et enfermé
Faut que les orteils respirent un peu le frais
Évite les sandales, tongs, spartiates gamine
Ça glisse, ça dure un temps, c'est pas fait pour atteindre les cimes
Choisis du Caterpillar, du costaud, de la sécurité
Coquées pour pouvoir foutre de grands coups de lattes quand t'es en difficulté
Plutôt que du scratch qui dure qu'un temps
Préfère les lacets en Kevlar sans nœud évidemment
Faut qu'elles t'abritent des intempéries
Faut pas que tu sois mouillée au froid de ta vie
Quand tu pars en sucette, que tu t'approches d'un ravin
Faut qu'elles soient antidérapantes pour te ramener sur le chemin
Faut qu'elles aient les bonnes odeurs, les bonnes couleurs
Pour t'envoyer en apesanteur
Ouais gamine c'est important les godasses
Chausse-toi bien, ça va laisser des traces
Te fais pas entourlouper en ne voyant que la marque
Faut que tu vives bien avec, à l'aise, pouvoir sauter dans les flaques
C'est peut-être un texte un peu con
Mais c'est les conseils du tonton
À la p'tite Romane que j'ai vue marcher nu-pieds
J'ai le droit de me soucier à présent si Cendrillon va être bien chaussée
Ouais gamine j'connais pas la pointure du grand dadais
Mais déjà faut qu'il arrive à bien te tenir la main pour avancer

C'est la vie, on marche tous sur un chemin
L'important c'est les pompes, le rythme, ce qu'on fait de son destin
Alors le jour où dans tes godasses tu seras bien à l'aise
Pense à vous acheter des charentaises
Ouais tu vois gamine, j'ai acheté moi aussi de nouvelles grolles après cette dépression cruelle
Si t'as besoin de quelque chose je serai là pour te changer les semelles
J'connais pas la marque, l'odeur, la couleur de tes nouvelles chaussures
On m'a informé qu'il supportait l'O.M., c'est pas ce qui change une vie mais c'est toujours une bonne pointure
Allez gamine, le vieux tonton pas sage pose son stylo jusqu'à demain
J'ai pas vraiment de conseils à te donner pour les pompes mais je regarderai ses mains !
Bon vent pour deux mains !
Tenez-vous bien !

27 août 2018

Ma croisade

J'ai perdu
J'me suis perdu
Ça bombardait trop dans ma tête, comme des pics, des coups de bélier, c'en était trop
J'étais pas prêt, surtout pas entraîné, pas formé à repousser ces assauts
Je n'étais en fait qu'un bouffon parmi vous tous et j'avais peur
Je faisais le mercenaire de l'extérieur mais je n'étais que le contraire à l'intérieur
Cette guerre autodéclarée a été terrible et je me sens autant coupable que victime
Ce ne fut pas la guerre de Cent Ans, mais ça fait quelques années que mes troupes intérieures ne chantaient plus mon hymne
Une guerre que je connaissais pas, la guerre avec soi
Une guerre que je n'imaginais pas, la guerre sans toi
Je me suis replié en tentant de faire abstraction de mes propres conflits, ce n'était pas la bonne stratégie
J'ai fait le siège de moi-même face à la puissance de moi l'ennemi
Enfermé dans ma tour je me torturais moi-même
M'infligeant de nombreux supplices je n'ai pas su avouer mon stratagème

Pensant que mon armure et surtout mon casque supporteraient les coups que j'encaissais
J'ai résisté, je subissais, j'ai pas plié, toujours debout, du moins j'essayais
Se faisant de plus en plus oppressant mon propre envahisseur gagnait peu à peu du terrain
Mes forces s'amenuisaient et j'ai goûté encore plus à cette potion maléfique
Pour ne pas voir, pour ne pas encore avouer, pour ne pas montrer que j'étais sur le déclin
Seul dans ma tour
Seul à en faire le tour
Car pendant que je résistais contre mes hivers intérieurs en ayant cru au pouvoir de ce breuvage de sorcellerie
Je tombais dans l'oubli et devenais le maudit
Ce qui œuvrait à semer encore plus le doute dans mon esprit
Et toi ma princesse qui était à mes côtés sur notre trône tu m'as trahi
Emportant avec toi mes quatre fidèles chevaliers de la table de notre monde
Comment lutter encore ? Comment se défendre encore quand tout s'effondre !
Sans émotion, sans compassion, sans savoir pourquoi mais avec dégoût
Tu n'as fait que contempler ma destruction jusqu'au bout
J'ai essayé de t'envoyer des messages pour te quérir signe de mon sceau
J'ai couru à travers ville pour te retrouver afin que tu comprennes et que tu puisses m'aider
Mais il était trop tard, je découvris ta face abstraite, tu avais informé le prévôt
Et je me suis retrouvé au cachot

Je pensais avoir conclu alliance avec toi pour le meilleur comme pour le pire
Tout ce pourquoi je suis châtié ne dépendait que de temps, de volonté et d'aide pour arriver à refermer cette plaie pour notre avenir
Du roi de nous je me suis retrouvé aux geôles pour n'avoir fait qu'aimer
Du manant que je suis à présent j'en serai un jour libéré
J'ai perdu
J'me suis perdu
J'ai perdu la bataille contre moi-même mais sûrement pas la guerre
Je ne m'avouerai plus vaincu et je ne ferai point misère
Dans cette forteresse je lutte encore face à moi l'ennemi
Mais a contrario c'est moi qui en sortirais grandi
J'vais la finir cette bataille contre moi-même
J'vais me la jouer Attila et tout raser, y aura plus de problèmes
C'est une campagne de longue haleine que je mène
Mais j'ai été assez blessé auparavant que le jeu en vaut la peine
Je vais la retrouver ma tour qui supporte cette cuirasse
J'vais pas la changer car elle est juste un peu abimée ma carcasse
J'vais juste lui rajouter un peu plus de meurtrières
Non pas pour re-rentrer en guerre
Mais juste pour y faire pénétrer davantage d'air
Car j'ai failli y trépasser par manque il y a peu de temps en arrière
Si j'ai perdu
Si j'm'étais perdu
C'est peut-être pour mieux me retrouver et me regagner
Ma cause est noble, désormais j'en suis convaincu et j'ai foi en ma volonté

Mes excuses

Après presque sept mois d'incarcération je dois avouer que ça m'a été utile pour sortir de cette dépression
Alors je me dois une sorte de rédemption et présenter mon pardon
Je dois en premier lieu présenter mes excuses à ma vieille caboche
Ou plutôt, on doit mutuellement se les présenter car on a été à la fauche
Je pensais, elle pensait, on pensait mais on était trop cloches
Parce qu'en fait elle, la cruelle, elle s'en battait les baloches
Je m'excuse auprès de mon psychologue
Jouant parfois avec moi à l'anthropologue
À m'écouter dans ma pirogue
Lisant certains textes à épilogue
Je m'excuse auprès de ma famille, en particulier ma p'tite sœur
Avalant les longueurs à son heure dans une machine sans vapeur
Pour passer trois petits quarts d'heure afin de vérifier ma couleur et mon odeur de cœur
Rapporteur de ma meilleure humeur à mon entourage, ma mère, ma grande sœur
Je m'excuse auprès de mon chariot qui me traîne moi le fardeau

Subissant encore quelques soubresauts quand j'ai pas le tempo
Le heurtant à des poteaux, le coinçant en étau ou en faisant le grand Prix de Monaco
Mais ne le laissant jamais crado, toujours propre et beau
Je m'excuse auprès de ceux qui ont lu mes pauvres textes
Qui prennent un peu de temps à leur fausse Rolex
Pour lire ma tête en Serflex
J'espère avoir laissé une petite trace. Next !
Je m'excuse auprès de mon cendrier
Qui reste souvent encombré sans pouvoir respirer
Entouré de cendres qu'il se croit décédé
Ou embaumé par toutes ces fumées
Je m'excuse d'écrire autant de conneries
Mais j'm'en branle moi je souris
Je m'excuse auprès de ma plaque électrique
Qui ne connaîtra jamais de plats gastronomiques
Partageant cette période tragique en devenant boulimique
De caféine uniquement, la rendant anorexique
Je m'excuse auprès des salariés de la société Bic
Qui ont dû écourter par ma faute leurs vacances en pays d'Afrique ou ibériques
Afin de faire fonctionner leur mécanique
Pour que je puisse déverser mon état psychologique
Je m'excuse auprès de la planète tout entière
Car j'ai participé à la déforestation de manière involontaire
En réduisant notre poumon vert
Pour déposer sur ces feuilles claires quelques vers
Je ne m'excuserai jamais envers celle qui fut ma belle éternelle
Qui m'a collé à l'hôtel, priant pour un autel en déployant ses ailes

Sans connaître ni se soucier de l'état infidèle de ma pauvre cervelle
Je ne peux pas lui demander pardon
Parce qu'elle m'a joué son requiem pour un con
Perdu que j'étais, j'ai cru encore en notre union
Pour finir simplement avec moi-même en réunion
Sans m'excuser je la remercierai quand même la cruelle
Parce que je sais pas où je serais sans elle à l'heure actuelle
Peut-être à vouloir jouer l'hirondelle
Mais je me suis remonté les bretelles et je vois enfin la vie plus belle !

1er août 2018

Mes minots

Le temps a pris du speed d'un coup, j'ai pris des coups de masse
Apparemment je dois en porter certaines traces sur la face
Je ne doute pas que ces barreaux doivent refléter sur moi leur teint monochrome gris et triste
Comme ces murs de béton devenu miroir sur ma peau devenue anthracite
Moi ordinairement avec une mine cuivrée par le reflet du soleil
Tout comme les avant-bras de par mon travail manuel
Je ressemble plutôt à un organe sorti du formol
Ridé à force de tremper dans ce bain d'alcool
Il est évident que même physiquement j'ai pris un coup dans les burnes
À mon passage le miroir prend un air taciturne
J'suis tatoué de la tronche par des rides et des cernes
Avec la cinquantaine approchant à grands pas de plus, on dirait un ours des cavernes
Certains muscles ayant déjà été oubliés à la maternité j'fais plus ourson que grizzly
Même dans ma tête, mon esprit n'a pas évolué depuis la garderie
J'ai gardé une âme d'enfant dans un corps usé par le temps
Ce qui a marqué mon épiderme profondément
Ça interpelle bien souvent en ce lieu particulier

Sous mon masque de cire j'impose un certain respect
Puis j'suis un tonton
J'suis un daron
Dans cette galère on me fait prendre encore un coup de vieux
On m'interpelle par un « SVP Monsieur »
On me considère souvent comme le vieux singe sage
Celui à qui on vient demander conseil, explications sur cette vie carcérale et ses codages
Comme un vieux « tonton flingueur » rempli d'une forte expérience de ce milieu
Alors que je viens juste de me dépuceler de ce monde ténébreux
L'ancien
On emmerde pas, on respecte un ancien
Surtout s'il est père de famille et qu'on voit qu'il est équilibré
Même si des plus jeunes ont commis nombre de méfaits il y a ce respect
Tous les détenus, surveillants connaissent mes péripéties, mes aventures
J'ai toujours gardé la même ligne de conduite, la même posture
Parfois intérieurement j'en rigole, on dirait que j'suis leur daron, leur professeur
Qui doit faire de l'éducation civique à des élèves hors des valeurs
Des fois conseiller et comprendre malgré la douleur et la peine
Ramener à la raison pour éviter la vengeance et la haine
Expliquer le fonctionnement des différents aménagements ou remises supplémentaires
Leur faire du courrier, former les nouveaux, divers trucs propres au pénitentiaire

Ce que je fais toujours volontiers car on est pas tous égaux
Mais j'savais pas que j'avais tant de minots

24 août 2018

Mes petits 2

Ce soir le ciel est rouge, rouge comme l'amour
Mais il pleure à grosses larmes, il est triste de voir autour
Il est tard, très tard et je regarde ses larmes venues de si haut
Il est tard, ça me file des sanglots
Solitude encore d'un soir
Face à des barreaux encore une nuit de désespoir
Putain ça va pas, j'ai le cafard profond
J'arrête pas de penser et de voir mes minots, mes garçons
Je les vois, je les ai vus toute la journée dans mes pensées
J'ai la haine, je suis en colère mais je ne peux plus rien tenter
J'ai pas d'inspiration, j'ai eu des apparitions, j'ai plus de respiration
Le passé rattrape mes émotions
J'aimerais les embrasser, leur montrer que j'ai changé, leur expliquer
Que oui c'est ma faute, mais que non il ne faut pas se faire de mauvaises idées
Rattraper le temps perdu
J'peux pas, j'peux plus
C'est pas facile de livrer sa peine, ses cris
Avec des mots pour en faire un brouillon mal écrit
S'expliquer ainsi laisse une trace mais pas les battements de mon cœur
Mon cœur qui jour après jour se ferme et n'a plus d'odeur
C'est peut-être bidon ce que j'écris mais j'suis sincère

Je vais rentrer en guerre
J'm'en tape de ce qu'on me dit, de ce qu'on m'impose
J'veux pas que ça s'éternise ce genre de pause
J'veux pas leur mentir
J'veux leur dire
Simplement que j'ai la haine
Simplement que j'ai de la peine
Si ça veut dire ça d'avoir des enfants
Elle n'avait qu'à se faire ensemencer artificiellement
Puisque c'est elle le boss qui a raison
Alors que je n'ai pu avoir aucune explication
Je ne peux rien changer ici, d'où je suis
Mais on ne me lèvera pas mes gosses, c'est ma vie
Et cette prison qui dort, qui dort
C'est triste ça pue la mort

MES PETITS... 3

Hier j'ai passé ma journée à broyer du noir
J'aurais pu refaire ce vieux Fluide Glacial, idées noires
J'avais le blues dans la tête
Toute la journée j'étais pas à la fête
J'ai pensé, repensé, retourné la situation
Inlassablement je revenais qu'à une seule projection
J'essayais de chasser mes pensées afin d'arrêter de me torturer
Mais rien n'y faisait
Impossible de trouver une autre inspiration
J'avais dans ma tête des apparitions
J'ai parlé à mon stylo pour qu'il trouve un autre sujet
Parce que ça me faisait mal et pour mon cœur c'était mauvais
Mais au bout de deux trois nouvelles lignes
Il arrêtait ses comptines
Pour reprendre sans raison
Comme l'appel d'une possession
Comme un besoin, un manque dans le sang
Un appel pour une injection rapidement
Un cri, une douleur, une souffrance
Un corps qui se vide, un non-sens
Un manque oppressant
Mes enfants...
Aujourd'hui j'écris encore
Dans mon cœur qui dort

Faut pas qu'ils me laissent
C'est juste un appel de détresse

Putain mes petits

Vingt-deux ans plus tard j'ai quitté le domicile familial
Vingt-deux ans après je vis dans le monde carcéral
Tout ça pour avoir été muet
Tout ça pour ne rien perturber
Vingt-deux ans après ma vie ne se résume qu'à de la solitude
Ça en devient maintenant une habitude
Solitude avec une maladie
Solitude d'une vie
Je n'ai même pas une trace de mon passé
De mes enfants, une photo, un mot sur papier
Je n'ai pas de mots, je suis dépourvu de mots
Je ne peux pas vivre comme ça, sans eux, en solo
La situation est très compliquée
Mais ce n'est pas d'eux que j'ai divorcé
Sont-ils eux aussi dépourvus de cœur ?
Ce gène se transmettrait par un des géniteurs ?
Sont-ils comme moi dépourvus de paroles ?
Et que face à l'ignorance de ma situation on ne leur parle que d'alcool ?
Ont-ils des directives du siège ?
Qui expliqueraient sans surprise ce triste piège !
Car j'ai envoyé des pigeons voyageurs
Mais je n'ai eu aucun retour à cette heure
Peut-être dû à un chasseur
Qui aurait encore tiré par erreur !

Triste réalité que de se faire traiter comme un manant
Alors qu'un autre essuie ses grolles sur mon paillasson
En attendant ses chaussons
Putain c'est mes enfants !
Quel cœur de pierre peut-elle avoir
Pour chanter ses victoires
Pour moi qui ai déposé mes larmes
À ses pieds car je n'avais plus d'armes
Que sur moi la honte j'ai portée
Lorsqu'ils m'ont vu partir au pénitencier
Alors que je combattais seul comme un Hun
Seul face à une maladie qu'elle a déclaré connaître à mon parfum
Connaître en soignant par des sourires accompagnant cette dépression ?
Connaître en appuyant sur un déclencheur en complotant pour une incarcération ?
Je passe aux yeux de mes enfants pour le pire des pères
Je suis dans le pénitentiaire
Comment trouver la manière
D'expliquer mes impairs
Que me reste-t-il ? La prière ?
Je ne pense pas que Dieu intervienne aux oreilles d'une sorcière
Afin qu'il lui fasse entendre raison, que ce ne sont que des enfants
Et qu'ils n'ont pas à entrer dans cette histoire qui est pire qu'un bain de sang
Cette histoire est un naufrage !
Cette histoire est un carnage !
Je ne suis pas un sauvage
De me battre je n'en avais plus simplement le courage
Je suis parti sans bagages

Mais je reviens de mon voyage
Je veux voir leurs visages
Je les verrai car j'ai la rage !!

MIEL, CAFÉ, SUCRE

J'ai envie de faire l'amour, le vrai, le bon, celui des premiers jours
Depuis combien de temps je n'ai plus eu de sexe pour monter dans les tours ?
J'tourne en rond et j'ai pas envie de projeter ma libido sur un écran de télévision
Je zappe mais c'est comme ma vie, rien d'intéressant, des débats, de l'info, de vieilles émissions
Assis, je n'ai plus de convictions, j'm'en remets à aucun credo, j'crois plus à grand-chose, des fois même plus à dehors
J'suis dans la pénombre de ma cellule avec mon spleen et cette prison qui dort
On est peut-être seul sans Dieu, sans personne mais on est surtout seul sans personne à aimer
L'appel de la clope plus fort que tout m'attire vers la fenêtre qui sert aussi de cendrier
Je regarde à travers ces barreaux, je rêve d'évasion mais j'vais pas jouer au con, dans quinze jours je sors, ce serait bête
J'ronge mon frein, j'mange une pomme, c'est bon pour les maladies cardio-vasculaires et le diabète
J'compense, si j'ai mal vécu j'essaye de me maintenir en bonne santé
J'ai appris à m'endormir seul, à occuper mes soirées mais j'ai l'amour pulvérisé

J'boufferais même des chenilles pour avoir des papillons dans la tête
J'suis encore fragile, je m'encombre de pensées mielleuses qui me font frôler le diabète
Et j'en reviens toujours à la même conclusion, je ne comprends rien aux femmes !
J'claque encore une clope et je me dis que la fumée appellera l'amour comme un brame
Peut-être faudrait-il que je lâche un seau de larmes pour me laver du passé où j'ai aimé mais je n'ai plus d'eau dans les yeux
J'tire une bouffée, une barre, une taffe, histoire de me dire qu'un jour seront exaucés mes vœux
Des questions lancées comme des bouteilles à la mer dont on ne sait jamais où elles échouent
C'est pas un mauvais moment, c'est juste le temps qui s'étire et reste en suspens, manque l'étoile filante au milieu des fous
Vivement la liberté, j'en ai marre de rester les bras croisés, le cérébral en route, je veux du changement
Mais j'apprécie tout de même cette solitude, juste pour quelques moments
J'prends un café, un demi-sucre et j'touille, j'ai pas compté jusqu'à trois qu'il a fondu
C'est un peu comme ma vie, mon amour, passées trois secondes tout est dilué, indéterminable, confus
Je réfléchis à ma destinée mais rien ne se profile, toujours le grillon qui me rassure dans ces nuitées
Plus de vingt ans plus tard que sont devenus mes rêves ?
Brouillés comme emportés par la turbulence du sucre dans ce café
Je retrouve ma solitude d'étudiant quand tout était à imaginer, à bâtir, à faire

Y a de l'amour ce soir mais où ? Peut-être le son du grillon ? Love is in the air !
J'espère qu'en sortant il y aura comme pour les arrivants mais au lieu d'un paquetage on donne un kit de tendresse !
C'est possible ici, j'ai vu des mecs se planter, faire des tractions tandis que d'autres faisaient de l'origami comme des gonzesses
Chienne de vie, la vie c'est pas ici, j'en ai marre d'être un poisson rouge qui tourne dans un bocal sans eau
Marre d'avoir les pieds dans la merde en espérant y voir pousser des coquelicots
Le pire dans l'histoire c'est pas d'avoir été largué ni d'avoir sa photo sur un casier
C'est de pouvoir après faire confiance à une femme sans être seul à jamais !
Cette prison c'est pas un terrain miné, fallait bouger les meubles, la poussière pour vider l'intérieur
Dans quatorze jours ce sera jour de fête, ça sera à moi d'avancer et d'exister, ça sera mon heure !
Je ne ramperai plus, toute façon j'ramasse pas les miettes et les déchets
J'irai chasser dans d'autres terrains tel un amazone, j'ai encore envie de goûter au miel, le tartiner sans sucre dans le café !

16 octobre 2018

Mon frigo

L'amour on a pas su le garder au frais
La chaîne du froid on l'a cassée
L'amour c'est comme de la nutrition
Le nôtre avait une date de péremption
J'ai essayé de me faire rembourser
Du trop d'amour que je lui ai donné
Car c'est elle qui est en dette
Je n'ai eu que des miettes
J'ai un nouveau frigo et il est pas si vide
Certes elle n'est plus là pour me remplir le bide
De ce que je croyais impérissable
Cet amour qui est à présent impensable
Dans la porte j'ai mis de l'eau de source
Vous me direz que cela coule de source
Mais j'ai rangé aussi d'autres boissons
Aux goûts parfumés et sans bouchons
À peine vingt centilitres de lait
Je préfère le beau, c'est vrai
Dans le bac à fruits et légumes
J'y ai placé beaucoup d'agrumes sans amertume
Des fraises en sucette
Pour apprécier, j'trouve ça chouette
Des pommes, des poires sans vers
Pour les mettre dans un moule en fer
Des pommes et des tartes toujours

Pour en faire des tartes d'amour
Quelques tomates
Ça c'est pour ma rate
Mais des variétés particulières comme la Saint-Pierre
Pour mes artères
De la Marmande
Pour mes glandes
De la Roma
Pour mon foie
De la Russe
Pour mon prépuce
De la Supersteak
Pour mon bec
Un peu de noire de Crimée
Même si c'est plus mon genre de pensée
Des salades comme la Romaine
Question d'origine, j'aime les belles Italiennes
De la frisée
Pour me rappeler ma non-capillarité
De la laitue
Pour mon cul, pardon, ma vertu
De la chicorée
En souvenir de bons vieux cafés
De la scarole
Pour mes véroles
De la mâche
Pour mieux que mes dents la hache
De la pommée
Comme avant je l'étais
De la niçoise, de la campagnarde, au thon
L'essentiel étant d'être toujours dans le bon
J'suis comme une tortue sur une calade
De plus, « qui mange salade, jamais malade »

Au-dessus j'ai une plaque d'œufs de gallinacée
Pour en faire des omelettes de gaieté
Pas d'œuf brouillé
Ni poché
J'ai aussi des portions individuelles de beurre
En cas de baisse de cholestérol de bonheur
De même pour les portions de confiture
Aux parfums différents, pour rajouter du sucre pour mon diabète du futur
Des plaques de yaourt nature
Car j'aime ce qui est pur
Certains parfumés, aromatisés, avec des morceaux de fruits
Tous défendus bien sûr, parce que faut la croquer la vie
Au chocolat, des liégeois en pot de verre
C'est fin, le mariage du noir et du blanc, l'alliance des contraires
De la tomme, de l'emmental, du brie, toutes sortes de fromage
Pour l'odeur de la montagne, des alpages
Du miel en portion individuelle
Rien de mieux que les abeilles
Pour râcler ma gorge devenue tabatière
Pour soulager mon futur cancer
De la moutarde, de la vinaigrette en dosette
Pour ajouter un peu de piquant, de goût à ma diète
Pas de concombre
Je déteste ça rend sombre
Pas de betterave
J'aime pas ça, c'est pas grave
Pas d'oignon
Pour plus pleurer comme un con
Pas de boisson gazeuse
Les bulles ça creuse

J'ai laissé vide le congélo
Pour plus vivre comme un mégalo
À décongeler mes souvenirs
Dans mon micro-ondes c'est pire
Je veux me nourrir uniquement de frais
Je veux me nourrir uniquement de vrai
J'ai quand même laissé une grande place dans mon frigo
Au cas où je retrouve l'amour, le vrai, le beau

04 août 2018

Papa

J'sais même pas si je t'ai dit au revoir
J'sais même pas, dans ma tête tu sais il fait noir
J'suis là, tu me vois ? T'as vu ton fils ce qu'il est devenu ?
J'ai honte papa, honte de moi, me voilà simple détenu
Tu sais l'alcool avec toi j'étais prévenu
Je savais ce que j'avais vécu
Tu sais maintenant j't'en veux pas non plus
Des fois c'est la vie qui nous fait des pièges tordus
Tu sais papa, l'alcool j'en suis pas boulimique
C'est dans ma tête que j'avais plus la trique
J'vais pas te refaire l'histoire, t'as dû voir d'en haut
J'vais pas te refaire l'histoire, t'as vu c'était pas beau
Ce soir c'est à toi que je pense
Peut-être que si tu avais été là
J'sais pas mais nos histoires quelque part elles se ressemblent
Peut-être que si tu avais été là
Tu sais papa bien souvent tu m'as fait chier
Quand on passait la porte, bien souvent on s'inquiétait
De savoir comment on allait te trouver
Souvent on s'en souciait
Je préfère garder et me souvenir de l'odeur de ton cheval de fer
Quand tu rentrais du boulot, toi le charpentier fer
Je comprends ma femme et mes petits pour leur réaction

Mais je ne comprends pas car je n'étais pas du tout dans la même situation
Tu dois savoir que je suis en dépression depuis fort longtemps
Et j'ai été renié, bafoué, piétiné de leur part pour un faux jugement
Tu sais tout ça d'où tu es, j'vais pas revenir sur le sujet
Je voulais juste te dire que je t'ai apprécié et aimé surtout les dernières années
Je sais pas mais il me semble que quelque chose tu cachais
Je sais pas, dans tes yeux je le voyais
Tu es parti peut-être avec un secret
Une souffrance comme moi non avouée
Je sais pas si je te cherche un alibi avec ce que j'écris
Ou si c'est simplement un ressenti
J'me souviens d'un grand-père émerveillé à la vue de ses petits minots
J'me souviens des orages mais je garde le beau
Tu sais j't'ai pas vu partir, ça a été trop vite dans ma tête
Tu sais que des fois t'es encore là, ça s'rait chouette
On reconstruirait ce beau chalet en bois
Tu te souviens c'était une des dernières fois
C'est dur à dire mais j'ai eu envie de te retrouver
J'étais tellement seul à me voir tomber, chuter et avec ce qui m'est arrivé, ça m'a traversé
On aurait pu jouer aux boules encore
Se jeter un petit verre sans alcool trop fort
Ouais elle est pas radieuse ma vie tu vois
Elle a basculé d'un coup, en une seule fois
Tu sais que je l'aimais plus que tout
Mais pour elle je ne suis plus rien du tout
J'ai eu mal encore tu sais papa, très mal
Ça fait longtemps qu'en moi j'ai mal

Mais là je pouvais plus tenir et pas moyen de le dire
Elle s'est trompée papa, c'est ça le pire
Il est pas fier ton fils tu sais
Faire tout ça pour avoir aimé
Quelle stupidité tu me dirais
Des femmes tu peux en trouver à la volée
Ouais je sais mais elle c'est la seule que j'aimais
Et je t'avoue papa que ça va être dur de reprononcer un jour ce mot
Je lui ai donné pour me retrouver dans un cachot tel un clando
Seul le temps effacera mes pensées, et un jour, on sait jamais
Allez pa, j'te laisse, tu dois t'occuper là-haut
Et puis va falloir penser à ton âge à faire dodo
Tu m'attends papa, un jour je viendrai te faire chier
Tu m'attends papa, on en fera des parties de boules et ce sera pour l'éternité
Tu m'attends papa, tu m'attends, promets-le-moi
Je t'aime papa

2 août 2018

Pas d'bol

Assis dans ce virage, la nuit était tombée, les étoiles nous mataient
Éclairés partiellement par des lueurs de bolides à deux roues, on s'était rapprochés
Toute la journée à t'observer et enfin nos mains se sont touchées
On s'est regardés et enfin nous avons échangé notre premier baiser
C'est à ce moment-là, comme une évidence déjà que j'étais sûr que tu partagerais ma vie
Je ne pensais sincèrement pas que ce baiser échangé ne puisse être autre qu'indéfini
Le temps ne comptait plus pour nous, cette nuit-là nous l'avons passée à commencer à s'aimer sans sommeil
Je me souviens encore du bruit de ces motos et du goût de tes lèvres, ce ne sera plus pareil
Par la jonction de nos lèvres tu avais injecté en moi ce poison aveugle dont je devenais tributaire
Moi, cet homme jeune et frêle persuadé et convaincu de finir seul, célibataire
Tu m'as converti à une autre religion qui est l'amour, alors inconnu et que je découvrais progressivement
Je vivais toi, je pensais toi, je dormais toi, tu devenais mon obsession

J'ai découvert l'amour avec toi, le vrai, le seul, l'unique, j'ai jamais fait semblant
On était au Bol d'or
Ce fût le baiser d'or
Notre couple paraissait quelque peu improbable à la vue de certains
Toi tu sortais d'une longue relation d'ados qui devait se concrétiser par une union
Moi je virevoltais, des conquêtes à court terme, des histoires sans réel lendemain
Mais je sentais au plus profond de moi un manque sans toi, tu étais devenu mon addiction
J'ai encore pas pris de gants ni de bague en or pour te demander ta main
Souviens-toi de l'endroit peu banal choisi entouré de gel douche et savons pour témoins
Une fois encore j'ai pu entendre des voix s'élever dû à la rapidité de notre décision
Mais ensemble nous n'avons pas hésité à foncer vers notre destination
Si j'écris cela aujourd'hui c'est pour que tu prennes conscience de notre passé
La colère et la haine que tu peux ressentir à présent ne peuvent pas être plus fortes que notre amour

Il est plus facile de jeter par méprise que de cultiver le fruit d'un amour partagé
C'est pour ça qu'il faut gommer les erreurs, le temps c'est comme la vie, c'est court
Notre vie, notre amour nous a offert ce qu'il y a de plus beau, symbole de l'union de nos corps
On a eu un bol d'or
Quatre enfants beaux et forts

Rien ne pouvait altérer, se mettre en opposition, barrer notre destin
Notre route était tracée, on avait juste à se tenir la main et suivre le sillon
À force d'abnégation et de travail nous avons construit notre rêve de parpaings
Demeure de l'amour décorée de cœur, parfumée de bonheur qui sentait bon
J'espère que si un jour tu lis ces quelques mots tu auras la décence de ne pas te moquer de ce que j'écris
Si je le fais aujourd'hui c'est bien ce que je pensais de notre vie
À croire aussi que l'on se rend vraiment compte de ce qu'on avait quand on l'a perdu
Que l'amour n'est pas si solide qu'on peut le croire, qu'il ne surmonte pas tout et qu'un jour il peut être foutu
On buvait le bol de l'amour
On a pas fini d'en faire le tour
Mes soucis étaient à une autre échelle et ce n'était pas banal
Ce monde où j'écrivais dans ma tête était devenu insupportable
J'ai pas osé l'avouer, je fuyais, j'en avais l'appréhension
Ce monde porte un nom qui me faisait peur et qui t'a dérangé : dépression
Ce monde était peut-être fait de trop de silence, de résistance
Je voulais garder notre équilibre, notre vie, continuer à t'aimer, ne rien perturber de par mes souffrances
La douleur que je ressentais, que j'avais ancrée au plus profond de moi, j'arrivais pas à l'extérioriser
Évidemment pour toi tu ne dis que ce n'est qu'un prétexte, pas la vérité
Je ne t'ai jamais menti, c'est à moi que je mentais

À force d'accumuler cette douleur interne je me suis transformé
Parce que je n'étais plus sûr de rien, car je doutais, parce que je n'avais plus confiance, car j'étais vide
Tu as interprété ça différemment alors que cette plante anisée distillée n'était qu'une déconnexion de la réalité
Je vais pas te mentir mais c'est horrible de tout garder pour soi sans oser en parler, c'est un semi-suicide
On était en or
J'ai pas fait corps
J'aurais aimé que tu me donnes la main pour traverser
Mais tu ne me l'as plus serrée, tes doigts ont glissé
Toi tu disais que c'était insupportable, invivable
Je pense comme toi mais tu ne savais pas ou tu ne voulais pas savoir que j'étais malade
Certainement que je n'ai peut-être pas eu la volonté de me battre
Certainement que la vie est une épreuve mais je n'avais plus l'énergie de combattre
Sache qu'aujourd'hui que tout ce que j'écris avec mes mots n'est que pure sincérité
Si j'écris c'est par nécessité autour d'une fêlure, c'est le seul moyen que j'ai
Il est trop tard pour te crier ce que je n'ai pas su te dire
Mais quand je regarde par la fenêtre ou que je ferme les yeux je vois toujours ton sourire

Petit prince

Chaud, pas sommeil encore, chaud dans la tête encore
Assis je regarde par la fenêtre, je pense, et je pense encore
Je regarde cette belle nuit qui serait d'autant plus belle si j'étais avec ma belle
Pas le choix, je fais abstraction de ces putains de barreaux pour contempler une merveille
Belle nuit étoilée, bercée par quelques grillons et sons de crapauds
Rareté en ce lieu, fort appréciable, j'arrive même à m'inventer un son d'eau
J'aurais envie de toucher les étoiles
C'est pas possible je sais, je peux mettre les voiles
Elle est belle cette nuit, je kiffe à la regarder
Ça me fait m'évader et me ramène à mon livre de chevet
J'étais minot mais ce livre n'est pas si imaginaire
Il a bercé mon enfance, c'est un classique devenu sûrement planétaire
Ce soir j'ai envie d'être moi Saint-Exupéry
Décollé à bord de mon oiseau à moteur
Direction la rencontre d'un petit explorateur
Ce soir j'ai envie de rejoindre le prince petit
J'y serrerais la main, il me regarderait avec ses yeux d'enfant blond
Et il me dirait calmement « dessine-moi un mouton »

Je crois que je serais tellement heureux que j'attraperais vite mes pinceaux
J'y ferais pas un mouton, j'y ferais un troupeau !
J'y ferais même un pré tout vert mais sans clôture
J'crois que les barrières m'ont marqué psychologiquement c'est sûr !
Après on irait de planètes en planètes pour y rencontrer des gens
À la recherche tous les deux d'un objectif, d'un sentiment
Ou pour voir la stupidité, l'avarice et d'autres péchés
Qui se retrouvent aujourd'hui perchés
Passant d'un boa serpentant avalant un chapeau
À l'alcoolique, l'homme aux réverbères, le banquier
On a fait nombre de planètes là-haut
Il me regarda fixement, je voyais ce qu'il cherchait
Peut-être que depuis il se demandait ce que je foutais là
Et il me demanda ce qui m'avait amené là et ce que je cherchais d'une petite voix
Je voulais pas lui mentir, pas à celui qui a tant de fois bercé mes nuits
J'entrepris de lui dire la vérité, mais pour ne pas le choquer j'ai amoindri
Je devenais alors simple explorateur de nuit
J'étais un simple explorateur de ma vie
Dans mon avion je me posais beaucoup de questions
Dont je cherchais les réponses à mes interrogations
Je cherchais à trouver une autre planète
Pour y reposer ma tête
J'étais parti seul depuis ma piste de décollage
Mais je fatiguais avec autant d'heures de vol à mon âge
Je n'arrivais plus bien à me diriger, j'avais peur de m'écraser
Et par miracle je l'avais rencontré
Le petit prince me fit un signe négatif de la tête

J'ai pas voulu le choquer, j'ai été bête
Il savait que je n'avais pas d'avion que je n'étais même pas pilote
Il savait que je n'avais même pas décollé de ma côte
Il savait que j'étais prisonnier
Il savait en fait que je n'avais fait que rêver
Il me regarda encore et une larme de ses yeux tomba
Il avait lu ma peine, mes peurs et ce désarroi en moi
Il avait ma haine et ma colère contre moi
Mais il ne comprenait toujours pas ce que je faisais là
Alors il me dit « chez toi, c'est interdit d'aimer ? »
Je me suis trouvé fort embarrassé
Moi le prisonnier de l'amour
J'aurais voulu couper court
Il me dit « le troupeau que tu as dessiné, c'était toi le berger ? »
« Et la maison au loin »
" C'est là où il y a les tiens ? »
Et je me suis réveillé
Ce texte, hier soir, je l'ai pensé et griffonné
Le petit prince je l'ai jamais rencontré, ni rêvé
Cette histoire je l'ai inventé encore
Car ce petit bonhomme m'a toujours apporté du réconfort
J'avais racheté ce bouquin il y a environ cinq ans
Je m'empresserai de le dévorer à nouveau en sortant
J'adore cette insouciance, cette pureté chez ce petit bonhomme
Je pense que ce bouquin serait une bonne méditation pour certains hommes

Peur du dehors

J'ai constaté que ça fait deux jours que je n'ai plus d'idées, de motivations
J'arrive plus à me libérer, à m'évader, comme si mon esprit était redevenu bloqué
Je crois que j'ai fait un retour à la réalité avec ce débat qui a amputé ma réflexion
J'suis encore fragile psychologiquement et dans ma tête ça a dû se retourner
Comment peut-on prendre des décisions, des jugements à l'encontre des sentiments ?
Comment peuvent-ils avoir le pouvoir de pénétrer dans ton cœur sans entendre un seul battement ?
Depuis je trouve le temps plus long encore, j'étais bien et maintenant je ne cesse d'avoir une cynique pensée
Depuis je me tracasse à cette idée dans ma tête, la sortie et être libéré
Évidemment ce sera un jour de ma vie très important
Évidemment que je marcherai vers la sortie en souriant
J'aurai un léger pincement au cœur car je laisse certains compagnons d'infortune
Avec qui j'ai tissé des liens particuliers dans cette brume
Mais après ? C'est après qui me fait peur !
Après j'me fais peur !
J'ai honte d'écrire ces mots car l'enfermement, la solitude c'est horrible

Mais moi j'y suis arrivé ou je m'habitue et je fais abstraction de ces barreaux de fer
Mon état psychologique s'est amélioré doucement, c'est moins pénible
Et comme tout daron ou tonton, j'ai pris mes marques, mes repères
Je prends cette incarcération comme un temps de méditation
Une mise en sommeil de ma vie dédiée à la réflexion
Je fais enfin le point sur mon existentialité
Pesant le bon et le mauvais de mon passé
Pour tirer des enseignements positifs malgré cette épreuve difficile
Afin que ce travail sur moi-même porte des fruits qui me soient utiles
Mais après ? Après c'est ce qui me fait peur !
Après je me fais peur !
Loin de moi l'idée de passer ma vie dans ce lieu exécrable
Pour finir comme un pauvre minable
Vais-je arriver à reprendre une vie normale, saine, calme, sans nuages
J'ai l'impression que je vais traîner cette image de prisonnier comme un tatouage
Que je suis marqué aux fers blancs !
Comment expliquer où j'étais tout ce temps ?
Vais-je passer pour un harceleur, un prédateur ?
Alors que ma quête n'était que la recherche perçue d'un bonheur !
Vais-je simplement arriver à marcher la tête haute et non baissée ?
Comment vais-je réagir à des questionnements dus à ce que j'ai fait ?
Vais-je faire face encore à de l'incompréhension ?
Est-ce qu'il y aura de la compassion, de la compréhension ?

Vais-je passer pour ce soi-disant alcoolique ?
Où va-t-on comprendre que tout était dû à mon état psychologique ?
Dehors je vais être confronté à la raison de mon incarcération
Je l'aime toujours, j'ai peur de ne pas résister à la tentation
Ici j'ai des grilles qui me retiennent mais mes pensées sont toujours pour elle
Dehors je serai libre, va falloir que je lutte encore contre l'attirance envers dame cruelle
Car mon cœur est toujours guidé par celle que j'aimais
J'ai peur d'être tenté dans l'insouciance de vouloir la rencontrer
Il faudra que je résiste et que je lutte car je ne veux plus l'aimer
Aimer sans être aimé, j'ai assez payé
À 46 ans c'est une nouvelle vie qui commence, un second accouchement
Je repars de zéro, faut être fort mentalement
Les traces du passé d'ici j'pourrai pas les effacer
Dans ma mémoire, ce que j'ai vécu, ce que j'ai vu sera gravé à jamais
C'est encore un autre challenge à quoi je vais faire face
Il va falloir encore être fort pour en effacer les traces
Mon but est de sortir dans le même esprit actuel
J'ai enfin pu évacuer une partie de ce qui me faisait mal dans ma cervelle
Je ne me sens coupable de rien de ce que j'ai fait
Je ne suis qu'innocent d'avoir aimé
À moi de me projeter dans cette vie nouvelle
Faire abstraction d'elle, cette cruelle
Car j'ai trop saigné dans mon corps
Pour quelqu'un qui ne vaut pas son pesant d'or

Quelqu'un qui ne pense qu'à son or
Car elle est aussi coupable de mon sort
J'espère retrouver une vraie stabilité dans cette vie
Et peut-être quelqu'un qui enfin pourra m'aimer pour ce que je suis

PROJET DE SORTIE

Ce matin je me suis demandé où j'irai en sortant en premier ?
Question posée.
Me taper un bon resto et faire la fête en boîte pour célébrer ?
À la plage, à la colline, bouffer l'air ?
M'asseoir à la terrasse d'un café regarder les gens, la vie en sirotant une bière ?
Non, je serai tellement de bonne humeur
Que je choisirai un magasin de bricoleur
C'est peut-être une idée encore bizarre
Mais pas n'importe lequel, je le ferai pas par hasard
J'irai à Envie Merlin
Enseigne où se rencontrent un certain nombre de bricoleurs magiciens
Aux rayonnages d'imagination, de projets, d'avenir, de destin
J'vais faire mes emplettes pour reconstruire demain
J'ai même préparé ma liste
Pour ne rien oublier et suivre ma piste
En voici photocopie
J'espère qu'il n'y a pas d'oubli
- Un niveau à bulle pour être toujours d'aplomb
Marre de partir de travers, d'être soi-disant tordu, ou un fil à plomb
- Une brouette pour la remplir d'amour
Gros modèle, à chenilles pour passer partout, moteur cent mille tours

- Une bétonnière grand volume remplie d'espoir
Pour faire tourner sans jamais brasser de noir
- De l'enduit de rebouchage
En cas d'éventuelles fissures, pour comblage
- Une échelle télescopique mais sans trop de barreaux...
Pour remonter les paliers et aller toujours plus haut
- Des vis en bois, j'fais une allergie au fer, pour tournevis plat
Pas de cruciforme ça me rappelle le trépas
- De belles poignées lisses avec une bonne prise en main pour mieux attraper
Sans serrure, sans loquet, c'est dû à un trauma, j'veux plus de clés
- Du vernis, de la lasure
Pour me protéger de l'usure
- Du white-spirit, beaucoup de white-spirit
Pour faire disparaître certaines traces s'il y en a encore qui m'habitent
- Un gros malaxeur
Pour bien mélanger mes nouvelles couleurs
- De la protection hydrofuge
Pour ne plus brûler ma vie et laisser mes larmes comme sur une luge
- De l'enduit à étaler à la taloche
Fin et clair pour étaler à l'intérieur de ma caboche
Surtout pas de carrelage
Y a des croisillons, des découpes, c'est rectiligne puis j'en ai gardé mauvaise image
- Des pistolets de silicone blanc ou transparent
Pour mes joints intérieurs, pour faire barrière à de mauvais éléments
- Des pinceaux n°10, 12, 14,1 6, 18 pas zéro
Des tas et des tas de pinceaux
Plats, courbés, larges, fins

Pour faire de ma vie un beau dessin
- Une grosse rallonge mais pas électrique
Elle me doit bien ça la vie, elle peut être à présent sympathique
- Ah ouais j'oubliais la caisse pour mon outil
On sait jamais des fois pour y mettre des filles !
- Du scotch simple pas double face
J'ai essayé, j'y ai laissé trop de traces
- Du bois, plein de bois, j'aime le travailler, j'y prends plaisir
Pour en faire des étagères afin de ranger mes histoires, mon avenir
- Pas de lampes à économie d'énergie pour l'éclairage
Que je viens de retrouver et j'vais en faire plein usage
- Un jeu de tournevis de précision
Pour mes réglages avant une possible déconnexion ou mauvaise réaction
- Un groupe électrogène et un chargeur de batterie
Pour plus qu'elle m'affaiblisse ou recommence cette pute de maladie
- Plein de crayons de chantiers, bien épais
Pour noter mes idées
- Même des bombes fluo de marquage
Des fois que j'en oublie au passage
- L'intégralité du rayon plomberie
Téflons, raccords, filasses...en cas de fuites de tuyaux ou mauvaise étanchéité face à l'ennui
Je prendrai sûrement d'autres choses en chemin
J'préfère être mieux équipé pour mon destin
Mais y a des choses que je ne prendrai plus jamais
Je peux plus, c'est plus fort que moi, même si elles sont d'utilité
- Pas de clous ni marteau
Ça m'a tapé le cerveau

J'prendrai un maillet en caoutchouc
C'est plus doux
- Ni cadenas ni serrure, aucune fermeture
Ça me rappelle une certaine cure
Autour d'une grosse, grosse fêlure
Je veux uniquement de l'ouverture
- Pas de percuteur
Trop bruyant, j'en ai eu un trop longtemps dans ma tête, j'veux plus de ces douleurs
- Pas de pinces, ni tenailles, ni étau
Rien qui puisse compresser mon cerveau
- Pas de fers à béton, ni ferrailles
Choc psycho dû à un séjour comparable à mes funérailles
- Pas de tapisserie à motifs
Cache-misère empilé par couches, j'suis encore trop réactif
- Pas de tringles ni de rideau, j'en veux plus dans ma déco
Je veux qu'on me voie enfin à travers même si c'est pas beau
Je ne demanderai pas de conseils à un vendeur
Je sais très bien de quoi j'ai besoin pour réparer mes douleurs et être en place à l'heure
J'embrasserai la caissière même
Et j'lui dirai que je l'aime
J'payerai pas, ça sera pour elle
Cette enseigne me doit bien ça, elle avait perdu un de ses clients les plus fidèles
Je sortirai en chantant, traversant les portes coulissantes
Tirant mes chariots telle une loco souriante
J'irai sur le parking de ma vie
Où j'aurai garé mon gros camion
Je rangerai tout dans la benne en vérifiant qu'il n'y a pas d'oubli
Je fermerai bien les ridelles, contact, marche avant, one direction

Reste plus qu'à piloter, j'ai les outils
Reste plus qu'à piloter, c'est ma vie

Prochaine fois j'irai à la jardinerie
C'est mon domaine les fleurs, les arbres, c'est ma vie
Allez, promis j'vais m'y attacher
Non, non, plus attaché ! Je vais m'y poser

P'TITE SŒUR

Je feuillette ce soir mes bouquins de philatélie, mes magazines
Que je récupère au parloir quand vient ma frangine
J'les mets de côté et j'attrape un stylo
Pour écrire comme ça, d'un premier jet, un p'tit mot
Parce que je ne la remercierai jamais assez pour tout ce qu'elle a fait
En ayant à traîner un frère comme un boulet
On est pas jumeaux mais peu éloignés du premier biberon
On a grandi ensemble comme deux larrons
Toujours ensemble pour jouer
Toujours ensemble pour se chamailler
De même pour ma vie intime je ne peux que la remercier, la plupart de mes conquêtes féminines
Étaient dues à la rencontre de ses copines
Ma bien-aimée, mère de nos quatre garçons
Est due à une amitié qu'elle liait avec elle, et j'en suis devenu le daron
C'est pas si anodin son p'tit surnom « petite »
J'crois que si j'avais un collier antiparasites
Elle resterait accrochée jusqu'à ce que je m'use
Hein « la puce » !
Plusieurs fois on s'est disputés mais toujours réconciliés
Avec le temps tout s'est apaisé
Parce qu'on est simplement liés
Même si j'avoue qu'elle a un caractère bien trempé

Si j'écris ce texte ce soir
C'est que je repense à nos parloirs
Au temps qu'elle perd
Pour voir un peu son frère
Je sais que quand elle attend ma venue dans une salle d'attente
Elle doit se morfondre à l'idée de quand elle va me trouver quand j'aurai l'autorisation de m'y rendre
Parce qu'elle me connaît
Parce qu'elle a vu comment j'étais
Je sais que sa principale préoccupation est mon état et de ne pas reproduire les faits
Elle sait pourtant que je n'ai fait qu'aimer
Elle a vécu à travers son corps ce que j'ai subi
Perdant une dizaine de kilos qu'elle n'avait pourtant pas en trop
Elle a fondu, maigri comme ma vie
Comme ma vie qui n'était plus qu'un chaos
Avec le temps je remonte doucement la pente
Et l'aiguille de sa balance reprend une ascension lente
Je vois dans son regard, et elle me le dit aussi
Qu'elle commence à retrouver son « con de frère »
Terme familier qu'elle a pour exprimer son ressenti
Face à cette maladie avec qui je fais guerre
Parce que c'est ma sœur
Parce qu'elle bat pas le beurre
Elle a toujours été là, dans le bon, dans le mauvais
Et pour ça je ne la remercierai jamais assez
C'est moi qui envers elle a une grosse dette
De ne pas avoir été là, quand un moment la vie aurait pu y faire la fête
Tracassé que j'étais par mes pépins
Qui face à ce qu'elle a dû traverser n'étaient que peau de chagrin

Mais j'étais incapable de voir, de comprendre, déjà perdu dans cette dépression
Tout ce qui se passait autour de moi j'en faisais abstraction
Et ça je me le pardonne pas
Car toujours elle a été là
Alors petite sœur t'inquiète pas, il revient ton con de frère
T'inquiète pas il va s'en sortir de son enfer
Je ne parle pas de prison, je parle de ma vieille caboche
Qui petit à petit se rabiboche
On a encore des moments à passer ensemble
Mais plus jamais il ne faudra que ma tête tremble
J'essayerai davantage de parler
Les conneries je crois que vous êtes habitués
Merci pour tout p'tite sœur
T'as toujours été à l'heure
Moi j'avais plus de montre à ce moment-là
Tu sais, j'me connaissais même pas
Je t'écris ce petit texte aujourd'hui, tu te doutes que je suis dans ma petite cellule
Je sais que j'aurais pas dû jouer encore au Monopoly de l'amour comme un con
J'ai jamais eu de chance à ce jeu d'argent et de calcul
J'ai tiré la mauvaise carte, ne passez pas par la case départ, rendez-vous en prison
Encore quelque temps et je passerai ma face derrière ces barreaux
Et je sais que c'est toi qui seras sur le parking avec ton chariot à chevaux
Tu verras alors ton con, con, con, con, con, con, con, con de frère
Car j'irai mieux, encore mieux, c'est ce que j'espère

Merci Valé !

Quand vient le soir

Un soir comme un autre soir
Un soir où je vais essayer de virer mon désespoir
Il est l'heure où les cigales se taisent
Laissant les grenouilles et leurs cris à leur aise
Mais ici il ne fait jamais vraiment nuit
Les lumières des miradors vous rappellent qu'on est pas au paradis
Allongé sur ma paillasse je vais livrer encore un combat
Contre mes paupières qui refusent une trêve sur ce matelas
Fatigué mais toujours éveillé
Fatigué et toujours questionné
Alors que cette demeure se tait doucement enfin
Moi j'en prends pas encore le chemin
Dans ce pieu j'ai le corps lourd
Dans ce pieu j'ai l'esprit qui court
Le temps ne s'accélère pas, il s'arrête
Et tous mes souvenirs, joies et peines se bousculent à la porte de ma tête
Des flashs, des questionnements incessants
Un vacarme sourd, un bourdonnement assourdissant
J'ai toujours pas compris pourquoi et comment on en est arrivés là
J'ai toujours pas compris pourquoi et comment t'as pas vu que je ne tenais plus droit

J'ai toujours pas compris pourquoi et comment tu as pu croire que c'était dû à cette ivresse
J'ai toujours pas compris pourquoi et comment tu n'as pas vu ma détresse
Tant de raisons, tant de questions qui restent sans réponses, inexpliquées
Et pourtant tu sais que je t'aimais
Mon remède commençant enfin à prodiguer l'effet escompté
Mes paupières se verrouillent pour me transporter dans un monde imaginé
Au gré de mes envies, folies et conneries je vais peut-être rêver
Quitter un instant ce coma éveillé qui me fait tant cauchemarder
Souvent les nuits je te retrouve et je les passe avec toi
Je cherche, je tâtonne du bout des doigts
Tu es là, juste à côté, c'est ce que je peux ressentir
Tu es là, juste à côté mais je peux pas te sentir
Alors des chocs violents dans ma tête me secouent brutalement
Et me tirent plusieurs fois du firmament
Ouvrant mes billes je ne reconnais pas ce lieu inhabité
Et je me ramène vite à la raison en voyant que je suis toujours ce prisonnier
Putain de vie, putain de nuit
Répéter, copier, photocopier, cloner des nuits identiques
Qui au petit matin quand le radiateur solaire se lève me filent la trique
J'ai accepté difficilement que tu m'aies délaissé sans savoir que j'étais abîmé
Je n'ai plus rien à proposer que mes pensées
Alors laisse-moi rêver !

Rappelle-toi juste que si toi tu arrives à dormir en te sentant bien
C'est qu'au fond de toi tu n'as rien de vraiment humain
Rappelle-toi juste que c'est toi qui n'as pas accepté mon état
Alors quand tu ouvriras les yeux, j'espère que tu te souviendras
Que ma vie, je l'ai peut-être pas choisie mais j'ai fait preuve je crois de courage
Que je n'étais peut-être pas le « superman » que tu avais comme image
Que j'avais des faiblesses, des pensées, des ondes négatives dans ma caboche en fusion
J'espère que tu me suis dans ce que j'écris et que tu comprendras ce nom qui m'a tant dérangé et que je n'ai pas accepté : dépression
Ouvre tes yeux
Ouvre-les tous les deux
Je ne t'ai jamais trompée, ni menti, je t'ai aimée mais je ne pourrai plus te retrouver
Trop de souffrances encore, de peines j'ai pu y laisser
Ma vie elle a été comme ça, j'ai encaissé pour en finir de la tête handicapé
Chaque destin n'est pas un dessin imaginé
Mes soucis n'étaient pas dus à une bouteille dans laquelle je plongeais
C'est de toi dont j'avais besoin pour ne pas me noyer
Mes nuits seront encore je le sais, bien agitées
Mes journées seront encore tracassées
Mais j'aurai l'énergie pour me sentir invulnérable
Car en fait ce n'est que de t'avoir aimé qu'on me juge coupable
Un soir comme un autre soir
Un soir de taulard

SALE GUEULE

Fait pas beau dans mon ciel aujourd'hui, c'est gris
J'saute du pieu, comme un robot mon corps s'exécute à des gestes définis
J'attrape mon écuelle pour me faire chauffer l'eau de mon premier faux arabica
J'y fous son sucre, j'roule ma clope et j'm'enquille tout ça
Et là je croise cette glace que j'évite et je regarde ma gueule du lever
Putain ! J'ai cru qu'elle allait partir en cavale ou se décrocher pour se briser !
J'vais pas me la jouer aujourd'hui à lui demander « miroir, miroir », c'est pas un conte de fées
Non c'est bien mon reflet ! On dirait une grimace qui dans la nuit a encore remuté
Mes yeux ressemblent à deux volets roulants entrouverts
D'un fond vide immaculé de rouge sang avec deux objectifs floutés de vert
Au-dessus ma zone qu'est mon front n'est plus bien plate
Ça ressemble plutôt à un vieux pudding pas bien frais
Strié de nombreux traits bien marqués et empilés
Dus au temps qui passe, qui avance, qui maintenant en face de moi me mate
J'me frotte les billes avec mes paluches usées
Y a rien qui change, c'est pas un effet d'optique, c'est bien mon reflet !

J'vais pas mettre ça sur le compte de ma vue en me disant que j'ai pas mes lorgnons
Même si j'y vois flou, c'est bien ma tronche qui me fait front !
Sous ces deux orbites qui ne me servent qu'à me dévisager
J'y vois des strates empilées, des couches successives pour supporter ou ne plus arriver à supporter
Dessous au milieu de ma pauvre gueule mon tarin n'a pas bougé
Le renifleur est toujours centré, on ne peut que le remarquer
Mes lèvres quant à elles n'ont jamais été pulpeuses
Mais là je les vois malheureuses
Comme collées ou cousues, elles n'expriment aucun sentiment
Si ce n'est ce mutisme me ressemblant
Mes joues sont semées d'une pilosité germante que je m'exécute à cultiver
J'essaye de m'appliquer à l'égaliser telle une haie avec mes ciseaux à bouts ronds d'écolier
Quant à la pilosité opposée y a plus rien à faire
Elle restera un caillou, comme un semi-désert
J'me frotte les calots avec mes mandales
Y a rien qui change, c'est le temps qui s'étale
J'suis fatigué, j'suis usé, j'ai trop morflé
Et ma caboche me montre de l'extérieur
Ce que je peux ressentir à l'intérieur
J'suis fatigué, trop épuisé, j'vais pas me faire lifter !
Heureusement qu'il n'existe plus le concours de maxi-tête
Car sans déconner, j'crois qu'envers ma gueule j'ai une dette
Non j'vais pas aller voir un chirurgien plastique
Pour établir un devis pour un chantier, un gros œuvre d'esthétique
J'vais pas aller dans un centre de beauté me faire tirer la peau, me faire masser

Bien que je resterais pas insensible aux charmes de masseuses aux doigts remplis de volupté
Non j'vais pas m'appliquer des crèmes à base d'herbes, de plantes
C'est pas mon trip tout ça, moi les plantes j'aime quand elles chantent
J'crois plutôt que cette image n'est juste qu'un dégoulé de mon intérieur
Si dedans c'est brouillé, c'est comme un décodeur
Et je crois que j'ai perdu l'abonnement au bonheur
Faut vraiment que je change d'opérateur
Ouais, j'vais pas la changer ni la déplacer cette glace
C'est à moi de me reprendre et de changer ma face
Faut que je m'efforce à oublier, surtout celle que j'aimais
Effacer mes douleurs, mes souffrances que mon faciès supportait
Et un jour peut-être et je l'espère, je vous tirerai ma mangue comme Einstein
Pour prouver que je ne suis plus ce Frankenstein

Salope

Tout ça c'est de ta faute, c'est toi aussi qui es coupable
Tout ça c'est de ta faute, c'est toi qui m'as rendu aussi vulnérable
Je sais que tu n'avoueras jamais
Car c'est moi le premier qui t'ai regardée
C'est moi qui t'ai attrapée
C'est moi qui t'ai embrassée
C'était peut-être pas ce que je voulais
C'était sûrement pas parce que je t'aimais
Tu m'as fait découvrir un autre monde
Mon esprit et mon corps en ta compagnie pour un temps s'évanouissaient
J'étais ailleurs auprès de toi ma brune, ma blanche, ma blonde
Tout ça pour essayer un temps de m'évader, de m'oublier
Ce n'est pas la représentation de ton corps
Ni ton parfum, ton odeur qui sont devenus à présent inodores
Ni ton déhanché, ta volupté quand je t'attrapais
Ni nos instants tous les deux tant partagés qui m'ont attiré
C'est toi la coupable
C'est moi le coupable
Tellement facile de te retrouver pour se consommer
Sale pute, j'avais juste le prix à payer
Tellement inutile d'en finir défoncé et fatigué

Tellement inutile car ce n'était que passager
Une fois ce faux désir inavoué, éjaculé, évacué
Elle était toujours là ma réalité
Tu peux à présent te dévoiler sous toutes tes formes
Nos moments à deux j'te les laisse pour d'autres hommes
Tu as été ma maîtresse un certain temps
Tu as dominé et manipulé mon inconscient
Profitant de ma faiblesse due à cette maladie
Tu m'as sucé jusqu'à me niquer encore mon esprit
Attiré par toi je l'étais mais jamais aimant
Car tu n'étais qu'une évasion, une illusion, un faux semblant
Ta pénétration me procurait des sensations
Mais jamais aucune exaltation
Je ne t'ai jamais aimée, je t'embrassais mais je te détestais
Je me suis nourri de ce que tu m'offrais mais je m'empoisonnais à vouloir m'évader
Je cherchais quelqu'un qui puisse me comprendre
Mais toi, tu n'es même pas capable d'entendre
J'ai commis comme un adultère
Avec toi sale guerrière
Car tu ne t'avoueras jamais vaincue
C'est bien moi qui t'ai bue
Saloperie de bouteille
Dans mon corps plus jamais tu ne seras en éveil
Tu avais fait de moi quelqu'un d'irréel
Et j'ai fini par me faire rejeter par mes pareils
Tu n'es qu'une prédatrice, une ensorceleuse de par ce que tu injectes
Tu n'es qu'un poison infligeant des supplices, qui rend amnésique et infect
Je t'ai rencontré sur ma route de la fragilité
J'en ai perdu le peu de sens qui me restait
Face à cette maladie et toi, j'ai abandonné

J'ai fait face à ma famille qui déjà avant, jamais ne me comprenait
Pensant que tu étais devenu ma dominante, mon obsession, ma maîtresse, que j'étais soumis
Alors qu'ils ne se souciaient pas de mes problèmes dus à cette maladie
Moi j'ai eu le malheur de t'associer car j'étais seul à lutter
Ça ils ne l'ont pas accepté, m'ont jeté et seul je me suis retrouvé !

Tatouage

J'ai vu des mutilations de corps
J'ai vu des cicatrices de dehors
J'ai pas trop envie ce soir de parler de marques horribles sur la peau
J'préfère évoquer l'épiderme avec quelque chose de plus beau
Les tatouages j'en ai rencontrés en quantité ici, tous différents
Un reflet, une image, une représentation ou une inspiration perso bien souvent
Tous ont une histoire, un thème fort, percutant, un objectif
Atteint, perdu, vécu, qualitatif ou quantitatif
Une marque, une appartenance, un dessin
Gravé suite, par, pour un moment de vie, un avenir, un passé lointain
Imprimé sur une peau comme pour s'en souvenir
Des fois que la tête parte en délire
Pour se revendiquer d'un amour, d'une noble cause
Ou juste pour la beauté de la chose
Qui restera gravée sur un corps
À vie, jusqu'à la mort
Ça va des plus classiques, tribaux, bracelets sur le bras
Des initiales, des points, des croix
Des plus élaborés qui sont de véritables œuvres d'art
Qui sont exposés dans le lard

Un que j'apprécie à regarder sous ses différentes versions
C'est l'horloge de la vie que je trouve ici plus qu'ailleurs en parfaite adéquation
J'ai vu du très simple aussi, un nom de famille sur un bras avant
Bien visible, rencontré chez les gitans, synonyme de famille, de clan
Au prénom qui n'est jamais masculin
Uniquement des prénoms ou des représentations du sexe opposé
Un amour, une femme désirée
Une mère, une fille, une sœur, une femme mais toujours féminin
Il faut quand même être hyper convaincu pour se marquer un amour
Des fois la vie nous joue des tours, on peut aussi se tromper et ça finira un jour
Je suis assez bien placé pour en parler
La princesse m'a offert un séjour au frais
J'me souviens d'un pote, libéré depuis, un Corse, un vrai
Tête de Maure tatouée et île de beauté
Dans l'île il y avait le prénom d'une femme c'était très charmant
Plutôt de son ex-femme qui l'avait conduit à la redécouverte du continent
Sous la forme d'une traversée, menotté sur un bateau
Petit séjour sans farine de châtaigne ni chorizo
Là c'est à vie que tu l'as sur la peau
Mais plus dans la peau
C'est peut-être inutile comme prétexte à narration
Mais ça me ramène quelque temps avant mon incarcération
À croire que je ramène tout au passé même si ce n'est plus ma priorité

Mais il est évident que sous d'autres formes qu'un tatouage il restera des traces après tant d'années
Si j'écris ces quelques lignes, c'est qu'avant de rentrer j'avais pris rendez-vous dans un salon
Pas de beauté bien que ce ne serait pas inutile à la vue de ma fatigue et de mes yeux cernés
Ni de toilettage, l'hygiène étant ici plus qu'ailleurs une priorité, j'en ai la peau arrachée
Chez un tatoueur, j'avais versé des arrhes pour que le gars me soumette son projet
En fonction de ce que je désirais
J'voulais m'en faire un sur l'avant-bras
Représentant une rose simple avec quatre feuilles et à l'intérieur les initiales de mes quatre gars
Puis je suis re-rentré
Et cette rose s'est fanée
Les feuilles ont flétri
Pour n'être au demeurant qu'un oubli
Je sais que pour eux je ne représente plus rien et que je ne serai plus jamais à leur heure
Mais j'ai pas besoin d'un tatouage pour me rappeler qu'ils seront toujours dans mon cœur
Si un jour il me vient l'idée de me faire encrer la peau
D'un prénom féminin en caractère gros
N'hésitez pas à me conduire chez les fous voir un médecin
Car je ne veux plus vivre ce que j'ai vécu et rester en chien

Un parfum, une odeur

Un parfum, une odeur
Suffisent à cette heure
Suffiraient à mon bonheur
Pour m'évader de cette demeure
Marre de sentir la poudre à laver
Tous les jours la porter
Marre de sentir le détergent
Sur mes mains rongées régulièrement
Odeur de café et de clope
Qui heurte cette porte
Un parfum, une odeur
D'une fleur
Un parfum, une odeur
Pour la couleur
À mettre dans mes artères
Pour me remplir enfin de bon air
Pour me plonger dans ton cou
À m'en rendre saoul
Pour plonger dans ton intérieur
Et te pénétrer par mon odeur

6 août 2018

UNE PRISON LA NUIT

J'l'ai toujours aimée, j'me souviens qu'elle avait effleuré de quelques mots mon bonheur
Quelque chose que j'avais entendu, quelque chose d'effervescent dans le cœur
On a couru volontairement à notre perte comme pour accélérer afin de mieux vivre ce chagrin
Carte postale du bonheur parfait, la femme, les enfants, l'homme et le chien
Le bon chien, l'homme fort et la femme douce les bras chargés d'enfants, photographie
J'étais paumé et elle est avec son mec puisqu'il a la chance d'être aimé, et toi t'es ou Lally
Tu l'aimes bien parce qu'il l'aime mieux que je l'ai aimée, putain j'ai le couteau qui fouille dans mon ventre
Comment j'vais faire sans toi Lally, y avait plus que toi qui savais m'entendre
Elle dort avec lui, dans ce lit
C'est beau une prison la nuit
Quand est-ce que je serai derrière ces murs avec cette colline pour la vie, j'veux plus de chagrin
J'étais seul face à ça Lally, j'buvais à l'entonnoir
Les yeux fixés au ciel, aveugle, j'buvais mon désespoir
Elle m'a tué la tête en plus cette gonzesse c'est pour ça que j'l'aime comme toute ma famille
Elle a pas compris mes faiblesses Lally, j'avais besoin d'épontilles

J'ai eu l'esprit tourmenté par des émotions violentes, j'étais paumé
J'ai pas pu tenir le coup seul dans ma tête tremblante et j'ai cédé
Je suis responsable de ces pseudopoèmes, mais mon roman de vie m'a échappé
Ce que je fais de ma revanche c'est de savoir maintenant où aller
Le voyage a été long, terrible pour atteindre les rives d'un nouveau monde
J'y parviens ici en déchiffrant des codes dans ma tête qui n'était plus ronde
C'est beau une prison la nuit
C'est à ce moment que j'écris
Elle a pas tenté de m'apaiser, mais je savais bien je l'avais lu dans la tempête du ciel de ses yeux
J'suis dans une cellule et si je meurs cette nuit comment le saurait-elle avant que je perde connaissance et que je plonge
Comment faire pour savoir si elle m'a aimé et que ses yeux pleurent sur un mari qu'elle a considéré comme une éponge
J'veux pas qu'elle vienne faire semblant et dire qu'elle regrette d'avoir pas continué à deux
J'veux pas qu'elle vienne me mettre des fleurs au plafond
Il y poussera peut-être de l'absinthe et du houblon
Dans ma tête anonyme et immobile il y poussera des fleurs que des femmes ramasseront en riant
Dommage, c'était beau cette famille, j'ai des barreaux pour des faux semblants
Je me fixais mon chemin à coup de peurs et d'angoisses sur un bateau à la cale ouverte
Voyant et titubant dans le but de m'écraser sur la digue en cherchant ma perte
C'est beau une prison la nuit

Comme le jour, un peu plus gris
J'ai trouvé ce port où échouer pour avoir trop connu le grand amour
J'ai cru que la vie était une répétition générale d'autres choses, qu'il y avait d'autres jours
J'sais pourquoi elle m'a largué, j'ai été vieux, j'ai aimé notre passé, je n'oublie rien, elle oublie tout
J'étais mort, je n'étais pas beau, j'ai pas eu de grâces, j'avais les mains courtes, elles manquaient d'ailes au bout
J'me souviens des jours dorés et j'vis maintenant dans du décolorant
Nostalgie imbécile, quitte-moi et laisse-moi me reposer, souffler un moment
J'voudrais vivre comme hier, avant ces jours maudits où tout s'envola
J'suis disjoncté, j'ai le palpitant qui crame à rester là !
Absence imperceptible à vivre de décolorant, c'est épuisant, je deviens fou
J'ai raconté mon histoire des milliers de fois, partout, par tous les bouts
J'ai les voyants dans la tête qui pètent, j'suis dyslexique de mes récits
J'voudrais commencer par la fin et revenir au début, m'en inventer une autre et la rendre vraie comme je l'écris
Elle était ma vie, elle m'a abandonné et petit à petit je me suis recroquevillé dans la maladie
Elle m'aimait plus, j'ai été rejeté, je n'étais plus fort, je buvais et j'étais gris
Mon corps et mon esprit étaient là, suspendus à des visages que je rencontrais sans les voir parfois
Je ne communiquais plus, la liaison était rompue, j'étais muet entre nous il y avait une paroi

J'étais absent de ma vie, je la regardais sans la toucher, léger décalage, j'étais derrière ou devant, jamais dedans
Ma croix était trop lourde pour un minot comme moi, j'aurais dû envoyer des faire-part de mon deuil avant
C'est beau une prison la nuit
J'en rêve d'insomnies
J'écris comme si j'étais ivre, je le suis encore d'amour et ça me fait planer
Je lui ai tendu comme une offrande, je me suis sacrifié, comme un autre pacte à sceller
J'suis crevé, je rêve que ce noir devient des couleurs, que le noir devient vert et qu'il danse, j'ai le cligno qui s'allume
Elle a tapé dans le dur, au diable le cœur, elle m'a égorgé, elle n'a jamais connu l'espérance dans la brume
Mais j'crois qu'elle a pigé, elle n'y a pas cru un instant, mon geste était sans retour
J'l'ai pris dans la gueule pour finir malade, solitaire dans une tour
J'écris chaque jour, chaque nuit avec acharnement, je trace ma quête ne revenant sur aucun mot
J'ai appris à aimer l'écriture, j'avale tout, je crache tout elle est mon héros
C'est le cadeau de cette prison à moi le taulard
Perché d'espérance avec des mecs de nulle part
C'est beau une prison la nuit
C'est là que je puise mes envies
Taulard immobile, j'm'installe pour la nuit
Tout m'assaille, le passé, le futur et elle aussi
Y avait qu'elle qui comptait, c'était ma vie, mon destin, mon dessin imaginé
J'ai envie de voir les yeux de l'amour avec de la lumière, rire de ce passé

Ivresse du son, de la voix, être sûr de rester dans le cœur de l'autre à jamais
Reprendre simplement les choses où on les avait laissées
J'suis revenu à la vie pour ne plus couler, cette pieuvre invisible m'avait pris la tête
Une bête cette maladie qui tapait trop fort, qui torturait mon être
J'ai la bite molle dans cette cellule, il n'a plus droit à rien le coucou sauf la nostalgie
J'en veux toujours à la vie mais j'ai signé avec elle, elle est longue cette vie
Finie notre histoire parce que je leur ai menti et que je me suis menti à moi-même comme un chien
Mais j'ai compris la différence entre connaître le chemin et arpenter le chemin
C'est pas des trucs qu'on apprend à l'école, faut le vivre, c'est pour ça que je l'écris chaque jour
Le secret entre elle et moi je le réinvente pas, j'veux pas laisser les choses comme ça et cracher sur un amour
J'suis encore ébloui d'elle et de son esprit qui vole et rejaillit dans mon air
Il fallait que je me retrouve, j'avais besoin de mon état solitaire
Un vieux vent tournait dans ma tête depuis trop longtemps, un vieux vent qui avait chassé tout mon bonheur
J'ai senti que je devais dire adieu à ma vie passée mais j'pouvais plus rien, ma montre n'était plus à l'heure
C'est beau une prison la nuit
C'est elle qui m'y a mis, je la remercie
J'suis déraciné, dépaysé mais j'suis fort, j'suis baisé par le constat mais habité d'une autre certitude, j'en aimerai plus une autre comme ça

J'veux faire un truc simple, lui dire que je pleure quand elle n'est pas là
Que si elle a attendu c'est que de moi je n'avais plus le mode d'emploi
Juste raconter un bout de vie et on restera sur nos choix
C'est la fille que j'voulais quand j'serais grand, j'aimerais me noyer dans ses yeux
Maintenant j'ai grandi, elle sait que j'étais en dépression mais ça virera pas au bleu
J'buvais ma vie mais fallait se fier à l'instinct, aux signes, aux codes, à la multitude
C'était la nuit avant, tout foutre en l'air, c'est du passé, j'vois maintenant le jour debout, c'est mon attitude
Voyageur immobile à l'imagination faible dans cette prison morte, j'agonise, trop tard pour voir Venise
Fallait regarder, j'fais dans le sanguin, l'affectif, mais je crois en moi, fini la dérive, je vise
C'est beau une prison la nuit
Demain sera aujourd'hui
J'veux juste respirer encore et encore, à me broyer les poumons d'oxyde de vie
Me vautrer des deux côtés, me refaire la peau de plein d'envies
Entendre mon cœur battre, ne rien devoir, tout humer
Quand ma cellule se révolte j'ai pas d'air pour tout ça à respirer !
J'veux la vie d'un mec qui avance, j'ai trop vécu dans l'angoisse de celui qui recule et qui rien de tout ça
Quasimodo veut rentrer à la maison et prendre Esméralda dans ses bras
J'ai eu la hargne de tout retenir et j'ai fait éclater tous ces points dans cette prison

Mémoire, j'ai appris aussi quand j'fermais ma gueule et que je passais pour un poivrot, j'ai appris à ma façon
Mémoire, aujourd'hui penché sur cette feuille je revis et j'décolle
Mémoire, s'envole et se pose à des souvenirs encore douloureux mais elle m'indique la vie, elle m'élève
C'est avec elle que je dois à présent exister, comme si l'avenir était dedans, même dans mes rêves
J'pourrai plus me reposer, même d'une courte tête la vie je vais toujours la gagner
J'ai choisi la vie et la mort au même instant, le courage est alors venu se blottir contre moi et le cœur s'est accéléré
J'ai couru vers le chagrin comme d'autres courent vers le bonheur
Moi il s'était barré dès que j'ai eu le dos tourné cet arnaqueur
Ma façon d'aimer est peut-être mystérieuse et sans gloire
Mais jamais volontairement j'ai voulu boire
Mon mutisme traduisait ma soumission à la dépression
Pour souffrir et cacher j'me cachais dans la boisson
J'ai appris, j'ai même appris à écrire la nuit
Dans le silence, à la limite du cri
Mon cœur bat au rythme des mots que je jette
J'espère qu'un jour j'aurai payé comme une dette
J'ai appris à ne plus mentir pour écrire
J'me prends pour un maudit et il me restera encore et toujours à écrire
Écrire relève de l'espérance
J'ai fait face à de l'ignorance
C'est beau une prison la nuit
C'est triste un homme seul la nuit

1er octobre 2018

VITE L'AMOUR

Peu importe ce que je peux dire de mes douleurs, la vérité c'est que j'étais asséché
C'était lent à mourir et pourtant Dieu sait si je l'aimais mais j'arrivais pas à m'en extirper
J'aimais la vie mais avec cette maladie je la buvais sans glaçon avec une potion sans calcul
Comme tous les gosses j'aurais voulu qu'on me tende une paille pour y faire des bulles
J'étais devenu un étranger de la vie, j'étais là mais j'vivais attaché à mes douleurs
La vie est une machine à explorer, c'est étrange de continuer à avancer même amputé du cœur
This is the life, j'crois que j'émettrai plus d'avis sur une femme avant de l'avoir côtoyée au moins quatre-vingt-dix ans
J'vais plus me rattacher à mon intuition, à mes rêveries, mon expérience ou mon palpitant
J'ai traversé tant d'épreuves, carapace de la souffrance que je me demande d'où est venu ce courage pour continuer
J'attends ! J'attends que la vie me rende de l'amour, de la beauté, le reste j'm'en branle, on verra après
Putain mais en fait ça me hante, c'est bien d'être prisonnier pour écrire mais pour ça c'est une impasse !
Comment j'peux parler de l'amour alors que je suis terré dans la solitude, faut que j'me casse !

J'ai pas envie d'imaginer et de tordre le réel mais j'ai envie d'écrire quelque chose de plus grand
Mon cœur a déraillé, il tourne à vide, faut qu'il retrouve le bon pignon pour battre utilement
J'sais pas si c'est la taule ou mon nouveau moi mais j'veux vivre les choses sans limites, sans morale
Y a urgence au désir, l'amour c'est l'essence de la vie et là mon moteur est à sec de gasoil
J'veux pas accumuler, j'suis pas boulimique, j'aime les femmes, j'veux trouver la beauté dans l'amour
J'ai déjà trouvé énorme ici en ouvrant les yeux sur ma vie, même surpris d'être pris de court
Alors j'espère trouver de la stabilité, peu importe quand mais j'veux m'accrocher sans dérive
J'm'en fous qu'elle sorte du brouillard ou de nulle part, j'connais même pas le chemin que je vais suivre
J'suis persuadé d'aller dans le bon sens même si j'me fous de la direction, le GPS est calé
P't'être pour ça que j'arrivais plus à conduire mais maintenant j'suis l'Hamilton de la sérénité
J'me fous des moyens, des autoroutes à sillonner mais faut que j'trouve le sentier qui mène à l'amour
Pour le moment même dans mes nuits aucune femme n'habite vraiment mes rêves mais j'espère en faire des cauchemars un jour
Les femmes les plus importantes d'une vie s'annoncent comme une apparition dans le désert
Le chemin de la liberté arrive, c'est la seule vérité que je possède au milieu de ces fers
Je ne chercherai pas à combler un vide, il me faut un guide, j'suis trop sentimental et j'aime aimer
J'ai aussi compris ici qu'il faut être deux pour ressentir la solitude et ça me déplaît

C'est pas ça la vie, j'veux plus de routine, j'veux du rêve, de l'enjeu
La vie va trop vite et y a urgence au bonheur, j'le vois qu'à deux
J'suis pas de cette génération où on se sépare pour un pet de travers, si j'aime j'investis
J'suis peut-être trop romanesque mais y a rien de plus beau d'être et finir ensemble une vie
J'veux plus d'une femme qui me mette la tête au carré quand ça tourne pas rond et que tout devient oblique
C'est pas des débats constructifs, c'est des disputes géométriques
Quand j'dis rond, j'dis aussi fric
Là c'est pathétique !

Il est un domaine où le plaisir de l'autre compte davantage que le nôtre et de ce qui gravite autour
Ce plaisir-là restera toujours un mystère, c'est ce qu'on appelle l'amour

20 octobre 2018

4

Fabrication artisanale issue d'une région lointaine du nord appelée Lorraine
Pas encore les yeux ouverts pour découvrir ce putain de monde qu'on m'a trimballé
Dans le ventre de ma génitrice je n'ai pas mémoire de cette chevauchée lointaine
Et c'est par un mois de juin que mes parents ont eu l'idée bizarre de me faire respirer
Et là, maintenant, à la veille de mes 46 printemps je me dis que ma vie a compté plus d'hivers
Qui fort heureusement ont eu droit quand même à de belles saisons
Quatre saisons, c'est pas du Vivaldi, quatre saisons que sont mes quatre enfants dont je suis fier
Le temps passe, comme l'horloge de ma vie, ils sont ma raison
Mais le remontoir et l'aiguille ont dû se bloquer
Et je pense que ce n'est qu'un horloger suisse qui pourra réparer

4 comme les points cardinaux d'une boussole
4 aiguilles qui guidaient mon chemin et me soutenaient les épaules
4 qui ne font qu'un tout
4 comme un carré d'as au poker, ce jeu de sous

4 charmants enfants, 4 garçons symboles pour moi d'une magnifique descendance
4 qui n'ont plus qu'une mauvaise représentation de ma décadence

Même si j'ai été traité comme un chien
Même si à leurs yeux je ne représente plus rien
Je reste persuadé qu'ils se sont trompés
Et qu'ils m'ont mal jugé

Un monde, une vie sans eux est pour moi inimaginable
J'espère qu'un jour ils comprendront que ce n'est pas une faute d'être malade
J'espère qu'un jour ils comprendront que j'aimais leur mère
J'espère qu'un jour ils comprendront que je demeure toujours leur père
J'espère qu'un jour ils comprendront que je suis en prison uniquement par passion
J'espère qu'un jour ils comprendront que c'est un gros passage à vide une dépression

Moi en tout cas j'suis pire qu'un camé en manque, un junky
Et j'ai pas besoin d'héro, de coco, d'ecstasy
Pour arriver à m'apaiser et m'arracher la tête du cul
Juste un instant, un moment, voir, écouter, sentir, toucher, serrer mes petits, rien de plus

J'suis comme le tronc de l'arbre sans racines
J'suis comme le moteur d'une sportive sans benzine
J'suis comme un parfum de chez Chanel sans aucune odeur
J'suis comme une vieille comtoise sans aiguille pour indiquer l'heure

J'suis comme un manuscrit sans titre rempli de pages blanches
J'suis comme un scaphandrier à vingt mille lieux sans combinaison étanche

J'veux pas écrire encore un texte en ne parlant que de mes malheurs
Mais j'suis pas bien, pas bien, pas serein, sans vous je vais péter un câble
J'en ai marre de fermer les yeux et de ne voir que des images, des ombres, des reflets intouchables
J'ai juste besoin, envie, c'est vital d'occuper encore une petite place, même étroite, dans vos cœurs
La vie nous réserve parfois des épreuves difficiles à surmonter
J'ai essayé de lutter, de combattre mais je n'avais plus les armes assez affûtées
Je me suis fait rattraper par cette saloperie
J'ai chuté de très haut, je suis tombé pour être ici aujourd'hui
L'important vous le savez, c'est pas la chute, c'est l'atterrissage
Et je pense qu'avec quatre parachutes à mes côtés ça sera plus sage

Vous savez l'amour que je vous porte
J'ai besoin de vous pour que mieux je me porte

Le Coussin blanc

C'est un moment de vie, là où ta réalité a présenté cette occasion
Pas par choix, sûrement par obligation
Tu hurles le nez dans ton coussin blanc
Tu hurles seul, tu hurles intérieurement
Ta vie n'était pas la tienne, pour toi c'est tout qui bascule
Ton passé, ton présent, ton futur ne sont que des particules
P'tit appart avec un loyer exorbitant
Sans papiers t'as pas le choix du logement
Tu relâches les muscles de ton visage pour tirer ta peau avec tes doigts
Le miroir te dit que c'est mieux, mais tes rides sont toujours là
Tu ne veux pas vieillir et penses aux injections
Ton paraître compte plus que ta propre évolution
Ton bonheur est de tenir des billets dans tes mains
Tes envies, tes passions, tes plaisirs n'ont aucun lendemain
Tu hurles le nez dans ton coussin blanc
Tu hurles seul, tu hurles intérieurement
Il suffit que tu prennes certaines choses pour que tout te semble aller bien
C'est ce que tu penses, mais tu sais que ce n'est pas le bon chemin
Ton portable sonne toute la journée à te casser les oreilles
Cloîtré dans ton appart tu ne vois jamais le soleil

Tu essayes de te raccrocher au bras d'une vie prochaine
Pour dire la vérité, tu sais qu'elle est incertaine
Tu es face à ton destin, entre souffrance et espérance
Rêvant de lendemains meilleurs tu te sacrifies sans résistance
Tu ne connais même pas leur prénom
Tu prêtes ton corps un instant qui te paraît trop long
Tu hurles le nez dans ton coussin blanc
Tu hurles seul, tu hurles intérieurement
Pendant ces moments, tu t'allonges les yeux fermés en essayant d'oublier
Tu t'allonges en essayant de faire le tri dans tes pensées
Moi je te regarde les poings serrés en priant
Pour que tout s'arrête comme par enchantement
Tout oublier, effacer tout ça de ta mémoire
Chasser ces images, ces instants et reprendre enfin espoir
Sortir de ce pseudo coma, de cette torture
Te voir sourire, vivre sans toutes ces brûlures
J'apprends doucement à vivre à tes côtés, j'veux pas, j'peux pas te laisser
J'ai peur pour toi et j'veux pas avoir de regrets
C'est pour ça qu'aujourd'hui j'suis obligé de le dire sur ce papier
Dire que dans cette putain de vie t'auras rien à y gagner
J'veux plus te voir hurler dans ton coussin blanc
J'veux plus te voir hurler seul, hurler intérieurement
J'ai conscience que ce combat est loin d'être gagné
Je n'ai aucune certitude moi aussi, mais j'veux m'y engager
Doucement tu ne crieras plus dans ton coussin blanc
Tu crieras la vie, la joie, le bonheur en souriant

SANS TITRE

C'est pas un manque, mais sa présence est encore forte
Elle est toujours là, en moi, elle ne sera jamais morte
Encore aujourd'hui, trop de souvenirs, de rêves et de cauchemars
Pas envie de pleurer, pas encore ce soir
Trop longtemps entre tes mains
Trop longtemps, mais j'suis pas orphelin
Tu m'as pourtant aidé, mais j'étais pas préparé au pire
J'pense en fait qu'on était pas faits pour un avenir
On s'est quittés, mais cette rupture n'a pas été violente
Mais au fond de moi tous les jours encore tu le hantes
On était pas faits l'un pour l'autre, c'est une évidence
Les souvenirs sont là, mais je ne regrette pas ton absence
Je pense souvent à toi, à eux, oui je rêve encore d'elle
Mais à mes yeux elle ne sera jamais ma belle
Trop longtemps entre tes mains
Trop longtemps, mais j'suis pas orphelin
Ma vie je la comprends pas, je la comprends plus, mais j'ai pas la haine
Je réalise qu'avec ce qu'on a vécu ensemble je pourrai pas te dire je t'aime
C'était un jour banal et là j'ai rencontré une révélation
Assis à un bureau avec ce stylo qui me file enfin une direction
2018 entre toi, en toi j'ai pu m'exprimer enfin
Serrer des mains et trouver des thèmes pour demain
J'ai des cicatrices de la peine de ma peine, mais je te dois beaucoup

Tu m'as montré qu'un peu d'encre, des rimes aident à rester debout
Le slam a niqué ma tête et je veux qu'il parte en cavale
Le slam a niqué ma tête, mais j'oublierai pas le carcéral
Je t'ai quittée, je ne veux plus que tu m'accompagnes
Je veux raconter, dire, espérer ne plus t'avoir comme compagne
Je peux pas t'oublier, les barreaux murmurent encore
Dans ma tête, mon cœur, tout mon corps
Alors j'prends mon stylo pour dire qu'il n'est jamais trop tard
Pour voir enfin un morceau de soleil sur cette encre noire
Tu en as encore beaucoup entre tes mains
Dis-toi bien que tu les auras pas tous demain
Quand on regarde dans leurs yeux, ils n'ont pas envie
Quand on les regarde, on y voit la vie
Ouais tu fais rentrer entre tes mains des humains
Des humains à égalité, des humains plus ou moins bien
Moi j'ai décidé de te quitter à jamais
C'est mon stylo qui désormais guide mes codes et me fait slamer
Je ne saigne plus, mais j'ai toujours des encoches
Tatoué de l'intérieur, j'ai des mots plein les poches
Peut-être pour la première fois j'ai l'impression d'avoir mon rôle
Écrire et se faire lire pour ceux de la tôle
Trop longtemps entre tes mains
Trop longtemps et je vois demain
Je ne souhaite à personne de vivre avec toi, de cohabiter
Tu blesses, brûles, tu crées des plaies qui ne se referment jamais
Tu ne sais même pas si entre toi, en toi, j'ai pu exister
Tu m'as accouché en douceur, devenu enfin orphelin du pénitencier
En sortant je n'avais plus de voile d'apparence
Grâce à des mots qui m'ont fait sortir de mon silence
Pour une des rares fois de mon existence, j'ai une qualité précieuse
Conforme à ma nullité peut-être, je veux donner de l'espoir et je t'en remercie l'accoucheuse

J'suis dépendant de ce stylo, sa curiosité m'a remis sur le chemin de la vie
Sa tige sur le bout de mes doigts brûle, de toi je suis affranchi
Je voulais pas choisir ce lieu pour ma naissance
Maintenant envers toi je n'ai aucune créance, et ça j'en ai conscience
Chacun de tes accouchements fait partie d'une histoire
Pour moi une manière de clore notre récit, mais écrire j'en fais un devoir

REMERCIEMENTS

Comment pourrais-je oublier de remercier toutes les personnes qui m'ont tendu la main, au premier rang desquelles figure Aroma, bénévole de LPES, *Lire pour s'en sortir* ?